JUST BREAKING

저스트 브레이킹

CONTENTS

01 게토에서 올림픽까지

02 브레이킹을 말하다

03 브레이킹 Q&A

게토에서
올림픽까지

01

1.
불타는 도시, 브롱스

"브롱스가 불타고 있습니다Bronx is Burning.", 뉴욕 양키즈와 LA 다저스의 1977년 월드시리즈 2차전, 당시 스포츠 해설 아나운서는 5000만 명의 시청자를 향해 말했다. 카메라는 구장 옆 사우스 브롱스에 위치한 제3 공립학교가 불타는 모습을 비추고 있었다.[1] 같은 브롱스 지역에 살고 있더라도 한 곳에서는 중산층 백인들이 자녀들과 함께 즐거운 경기 관람을, 다른 한 곳에서는 방화로 얼룩진 이상한 상황이었다. 1970년대 사우스 브롱스는 범죄가 들끓는 도시였다. 그래서 사람들은 이렇게 말한다. "사우스 브롱스에 비하면 할렘은 천국이지!"

브롱스는 뉴욕 맨해튼 북쪽 지역의 이름이다. 19세기에는 주로 농장들이 많은 조용하고 한적했던 곳이며, 20세기 이후에는 미국 역사상 유례없는 경제적 호황기로 인해 맨해튼을 중심으로 유럽계 백인들을 포함해 일자리를 찾아온 남부의 아프리카계 미국인과 푸에르토리코인 등이 대거 유입되어 거주하기 시작했다. 이로 인해 주거용 건물도 많이 지어지고 뉴욕의 지하철도 확장되었다. 일부 중산층 백인들이 맨해튼의 도시생활에서 벗어나 한적한 브롱스로 이주하기 시작하면서 브롱스에도 다른 도시처럼 학교나 병원, 도서관 등 편리한 공공시설이 설립되었고, 점차 중산층의 거주지 모습으로 변해갔다.

---

1   제프 창. 힙합의 역사: 멈출 수 없는 질주 : 미국의 역사와 사회적 맥락에서 바라본 힙합의 탄생과 발전. 유영희 역. 서울: 음악세계. 2014. p.22

하지만 맨해튼은 지리적으로 자동차가 없이는 접근이 어려웠던 까닭에 타 지역에서 맨해튼으로 출퇴근 하는 것은 보통 힘든 일이 아니었다. 이런 상황이 지속되자 1953년 이후, 뉴욕을 재정비한다는 명목으로 연방정부는 각 교외와 도심을 연결하는 고속도로 건설에 집중투자를 시작했다. 이들의 목표는 뉴저지에서 맨해튼을 15분 만에 이동하는 것이었다. 연방정부의 힘을 통해 권력을 얻은 도시건설가 로버트 모지스Robert Moses는 브롱스를 가로지르는 크로스 브롱스 고속도로Cross-Bronx Expressway, 이하 CBE건설을 주도했다. 그는 맨해튼을 부의 중심으로 만들기 위해 맨해튼의 빈민가ghetto, 게토를 없애고 지역 상권을 정리했다. 이로 인해 브롱스에 거주하던 중산층은 교외지역으로 이주하게 되었고, 가난한 아프리카계 미국인, 푸에르토리코인, 유태인들은 쫓겨났다. 결국 CBE로 남과 북을 나눈 것은 결국 남과 북에 사는 인종을 구분하는

▼
사우스 브롱스의 위치

결과를 초래했다. 대부분 백인들이었던 중산층이 떠난 사우스 브롱스에는 주거지를 선택할 수 없는 가난한 사람들이 이사를 왔고, 이들이 점점 늘어나기 시작하면서 이곳은 곧 유색인종들의 집결지가 되었다. 이들은 주로 가격이 저렴한 고속도로 주변 고층주택에서 살게 되었는데, 인구 밀집에 의해 그 지역은 점점 범죄다발지역이자 무법지대로 변모해갔다.

1960년대에 접어들자 산업구조의 재편성도 이루어졌다. 높은 세금은 이 지역에서 제조업을 몰아냈다. 이는 심각한 일자리 부족으로 이어졌고 같은 시기에 레이건 행정부가 영세민에 대한 사회복지기금을 축소하면서 도심의 흑인과 푸에르토리코인 대다수는 더욱 빈곤하게 전락해버리고 말았다.

안타깝게도 크로스 브롱스 고속도로는 브롱스를 파괴시켰다. 밤낮을 가리지 않고 거리를 오가는 수많은 화물트럭은 그곳에 거주하던 사람들을 괴롭혔다. 화물트럭의 매연과 굉음이 도시를 가득 채웠고 사람들의 생활은 점점 피폐해졌다. 뿐만 아니라 상업지구의 기반도 무너졌다. 지역이 남북으로 갈라져 교류가 어려워지면서 많은 상점은 파산했고, 남아있는 상점은 가난한 사람들의 범죄대상이 되고 말았다. 지역경제는 몰락했으며 사람들은 분노와 좌절 속에서 현실을 살아갔다. 이처럼 크로스 브롱스 고속도로는 한 지역 공동체의 외형을 붕괴시키는 것을 넘어 내부를 파멸하는 수준으로 몰아갔다. 이런 상황에서 사우스 브롱스 사람들이 삶의 희망을 찾기란 쉽지 않았고, 그렇게 마약과 범죄의 유혹을 피하기 어렵게 되었다.

이런 상황 속에서 사우스 브롱스의 아파트 소유주들은 자신들의 이익을 위해 이해할 수 없는 일을 하기 시작했다. 그들은 도시의 슬럼화로 인해 건물의 가치가 떨어졌다고 판단하고, 이 건물을 시장에서 거래하는 것보다 파괴하여 보험금을 타는 것이 금전적으로 이익이라고 생각했던 것이다. 그래서 그들은 화재보험금을 노리며 갱들을 고용하여 본인 건물에 방화하기 시작했다. 이러한 방화가 즐비해지면서 1970년대 뉴욕시에서는 매년 2000여 채에 달하는 빌딩 화재가 발생했다.

결국 10년이 채 되지 않아 사우스 브롱스의 4만 3천여의 가구가 소실되었다. 특히 1973년부터 1977년까지는 3만 건의 방화사건이 있었고, 1975년 6월에는 하루 3시간 동안 무려 40건의 방화가 발생하는 일도 있었다. 당시 사우스 브롱스의 화재는 분노의 표출이 아닌 버려진 사람들의 자포자기의 심정으로 일으킨 화재였다.[2]

수많은 화재로 인해 사우스 브롱스는 점차 게토로 변해갔다. 이전에도 이 지역에는 갱gang이 존재하긴 했지만, 특히 이 시기에는 10대 청소년들이 조직한 갱이 많아졌다. 폐허에서 자라온 이들은 꿈도 희망도 없이 폭력을 일삼고 강도질을 하거나 마약에 취해 살았다. 이들은 무리를 지어 생활하는 것이 자신을 지키기 위한 것이라 생각했으며 삶을 유지할 수 있는 유일한 방법이라 생각했다. 당시 가장 악명이 높은 갱단은 블랙 스페이드Black Spades인데, 이들은 세븐 세비지7 Savages라는 갱단에서 시작하여 인원을 늘리면서 세력을 키우고 이름을 바꾸었다. 이들은 거리의 무법자와 다름없었고 온갖 불량을 행하고 다녔다.

그러나 이들이 처음부터 악행을 한 것은 아니었다. 갱은 맞벌이 이민자 부부의 아이, 소외계층의 위탁 아동, 학대로부터 도망친 소녀, 그외 수천 명에 달하는 청소년들에게 피난처와 정서적 안정, 그리고 보호를 제공했다. 또한 마약 중독자와 마약밀매업자를 거리에서 내쫓고 강도를 소탕하고 주민을 괴롭히는 사람들에게 경고와 처벌을 하는 등 경찰이 하지 못하는 일을 스스로 해냈다.[3] 이들은 유색인종을 괴롭히던 백

2   제프 창(2014). p.29
3   제프 창(2014). pp.82-83

인 갱들에 맞서기 위한 조직이기도 했다.

하지만 블랙 스페이드는 시간이 지나자 초심을 잃고 다른 갱들과 다르지 않은 모습을 보였다. 이들은 방어와 보호가 아닌 점차 권력투쟁과 스트레스 해소를 목적으로 움직이기 시작했고, 이로 인해 조직의 성격이 변질되기 시작했다.[4] 이는 비단 블랙 스페이드만의 문제가 아닌 당시 모든 10대 중심의 갱단에서 동일하게 볼 수 있는 모습이었다. 이 상황은 점점 심각해져 결국 각 갱단의 지도자들이 모인 자리에서 주요 갱단의 지도자가 살해되는 사건까지 벌어지게 되었다.

이 목숨을 잃은 갱단 지도자는 오늘날 아프리카 밤바타로 알려진 블랙 스페이드의 리더 중 하나인 케빈 도노반Kevin "Afrika Bambaataa" Donovan의 친구였다. 아프리카 밤바타는 이 사건으로 친구를 잃은 후, 청소년들이 갱단 활동이나 마약과 같은 비행에서 벗어나 건강하게 즐길 것을 찾아야 한다고 주장하기 시작했다. 그는 블랙 스페이드가 해체되던 시기, 갱단 멤버들을 모아 공연 프로젝트를 기획했는데 이 프로젝트는 브롱스 리버 오거나이제이션Bronx River Organization이라 불리다가 약 1년 후 조직화를 이루며 줄루 네이션Zulu Nation이라는 이름을 갖게 되었다.[5] 이 이름은 열등한 무기를 들고 영국의 식민세력에 맞선 용감한 줄루족을 기리는 의미가 있다. 이들은 사우스 브롱스 전역에서 멤버들을 모아 힙합문화에 지대한 영향을 끼친 조직으로 성장하게 되었는데, 이들이 혼란스러웠던 브롱스에서 성공적으로 자리를 잡을 수 있던 이유는 갱단 해체의 여파로 만연해진 공허함과 청소년들의 소속감과 오락에 대한 욕구가 강해진 상황 때문이었을 것으로 보인다.

줄루 네이션의 하위 조직으로는 줄루 킹즈Zulu Kings라는 비보이 크루

---

4   제프 창(2014). p.25
5   Zulu Nation. <http://www.zulunation.com/> <2019.07.08. 검색>

도 있었는데, 이들은 1970년대 중반 브롱스의 브레이킹 붐을 주도하였다. 1970년대 후반, 줄루 네이션은 사우스 브롱스에서 힙합문화의 이상인 '평화, 일치, 사랑, 그리고 재미Peace, Unity, Love and Having Fun'라는 슬로건을 내걸고 세계로 진출하기 시작했다.

2.
브레이킹이 태어나다

브레이킹의 기원에 대해서는 여러 설들이 존재한다. 브레이킹은 한 지역의 집단 문화에서 빠르게 확산되었기 때문에 뚜렷한 창시자를 말하기가 어렵기 때문이다. 하지만 브레이킹 태동기의 시대적 상황을 고려해보면 크게 움직임, 갱 문화, 그리고 파티 음악에서 그 근원을 찾을 수 있는데, 이 모든 설들은 나름의 연결 고리를 지닌다.

첫 번째는 브레이킹을 구성하는 움직임과 관련된 기원설이다. 일부 선구자들은 1969년 가수 제임스 브라운James Brown의 "Good Foot"춤이 브레이킹의 기원이라고 주장한다.[6] 브레이킹이 제임스 브라운에게서 비롯되었다는 생각은 그의 'Get on the Good Foot' 무대 공연 때문이다. 제임스 브라운의 "Goot Foot"은 한쪽 다리를 무릎 높이로 들어 올린 다음 그 동작을 유지하며 비트에 맞춰 한쪽 발로 리듬을 만드는 스텝을 포함해 드롭과 스핀을 통합한 움직임을 선보였다. 그는 가수와 동시에 최고의 춤꾼이었다. 이 노래와 춤은 당시 사우스 브롱스의 많은 소년들에게 큰 인기를 얻었으며, 그 중에서도 특히 DJ 쿨 헉Clive "DJ Kool Herc" Campbell의 파티[7]에 참석한 댄서들에 의해 더욱 유명해졌다. 이후 그 소년들은 낮은 자세로 바닥으로 내려갔다 브레이크 비트에 맞춰 점프를 하는 것, 두 다리를 셔플하고 스윕하는 것과 같은 더 많은 동작을 포함

6   Israel(2002). The Freshest Kids: A History of the B-Boy. DVD
7   잼이라고도 함

◀
제임스 브라운

하며 그들의 춤을 발전시켜 나갔다. 역동적인 이러한 움직임은 댄스 배틀이 존재했던 사우스 브롱스의 어린 소년들과 갱단을 매료시키기에 충분한 것이었다.

두 번째 기원설은 갱 문화와 밀접한 관련을 지닌다. 일부 사람들은 브레이킹의 기원을 뉴욕의 초기 스트릿 갱단의 춤인 업록킹Uprocking[8]에서 비롯되었다고 말한다. 50년대 후반과 60년대 뉴욕시에서 발생한 스

8　"업록은 영혼이 충만하고 경쟁이 치열한 길거리 춤이다. 1967년과 1968년 사이 브루클린의 부시 윅 지역에서 러버 밴드 맨(Rubberband Man)과 아파치(Apache)라는 두 사람에 의해 개발했다. 업록은 소울 및 펑크(Funk) 음악의 리듬과 특정 록 노래에 맞춰 춤을 춘다. 춤은 발의 셔플, 회전, 방향전환, 즉흥적인 움직임, 갑작스럽게 몸을 움직임을 일컫는 절크(Jerk), 손 제스처인 번(Burn)으로 구성되어 있다. 업록댄스는 두 명 이상의 댄서, 혼자서 또는 팀으로서 댄스 배틀을 공연하면서 번갈아 혹은 동시에 춤을 추는 것을 포함한다" 업록커 브레이크 이지(Break Easy)는 위와 같은 방식으로 업록킹을 정의했다. 업록커들은 완전한 노래가 재생되는 동안 대결을 한다. 이 때 아파치 라인(Apache Line)이라는 대열을 하는데, 아파치 라인은 두명의 상대 댄서나 크루가 서로 마주보고 서로를 향해 번 제스처를 취할 수 있도록 한다. 업록커들은 때때로 번과 함께 싸우는 동작을 모방하지만 신체 접촉은 절대 허용되지 않는다. 신체적 접촉이 일어난다면 그건 일반적으로 아파치 라인과 춤에 대한 경험과 이해가 부족하다는 표시와 다름없다. 만약 숙련도가 높은 록커라면, 상대방을 "번"하기 위해 신체 접촉을 하지 않는다. 숙련된 업록커들은 춤추는 노래에 대해서도 잘 알고 있으며, 음악의 가사와 소리를 이용해 상대를 따돌린다. 이것은 업록킹이 물리적인 싸움의 대안점이라는 것에서 의미가 있다고 볼 수 있다.(uprock: wikipedia.com, 검색일: 2019.08.10) 한편, 업록커 번(Burn)은 다른 견해에 대해 "춤이 싸움을 대신했다고 말한다면 그건 헛소리이다. 그들은 갱들이었고 항상 싸웠다."고 언급한다. 이와 유사한 견해로 앨린 네스(Alien Ness)는 비보이가 60년대 후반과 70년대의 거리의 무법자인 갱에서 목격되었다고 주장한다.(Fricke 2002, pp.8-12)

트리트 갱단은 1970년에 브롱스와 브루클린 지역에서 세력을 크게 확장했다. 당시 스트릿 갱단이 조직적으로 추는 춤은 폭력을 잠재우는 수단이 아니라 싸움을 벌이기 위한 전주곡이었다.[9] 이를 생각해보면 영토주의 투쟁과 같은 스트릿 갱 문화가 브레이킹을 태동시킨 것이라고 볼 수 있다. 1970년대의 전설적인 브레이킹 크루인 스타차일드 라 록 Starchild la Rock의 트랙2 Trac2는 패싸움이 있기 전날이면 각 갱단의 리더들은 춤으로 일대일 배틀을 했고 이런 과정은 어떤 갱단이 싸울 것인지 사람들에게 알리는 신호로 사용되었다고 말한 바 있다.[10] 당시에 존재했던 대부분의 뉴욕 갱들은 업록킹을 했고, 이는 비보이들에게 지대한 영향을 미쳤다. 퓨리어스 파이브 Furious Five의 MC 라힘 MC Rahiem, Guy Todd Williams은 초기 비보이들은 플로어 무브를 하지 않는데, 그 무렵의 춤이 업록킹이라고 말했다.[11] 즉, 초기 브레이킹은 업록킹의 형태였고, 지금의 비보이들의 움직임은 여러 시대에 걸쳐서 완성되었다고 볼 수 있다.

세 번째는 오늘날 가장 많은 사람들의 지지를 받는 브레이킹의 기원설로, DJ 쿨 헉 파티에서 그의 음악과 함께 태동했다는 것이다.[12] 이는 역사적인 인물과 사건을 중심으로 구체적인 브레이킹의 기원을 알아본다는 점에서 의미가 있다.

1973년 8월 11일 밤, 디제이 쿨 헉과 그의 여동생 신디 캠벨 Cindy Campbell은 사우스 브롱스에 있는 세지윅 에비뉴 Sedgwick Avenue 1520번지 아파트의 레크리에이션 룸[13]에서 'Back to School Jam'이란 파티를 개최했다. 신디의 새 옷을 사기 위한 용돈을 마련할 목적으로 기획된 파티였기에 규모는 특별하게 크지는 않았다. 이 파티에서 쿨 헉은 아버지의 음향 장비를 빌려 음악을 틀었다. 그리고 훗날 이 파티는 힙합의 탄생일로 기념된다.

힙합이 출현하기 전인 1970년대는 디스코 음악의 황금기였다. 하지만 형형색색의 정장이나 고급스러운 드레스를 입고 경쾌한 춤을 추는 디스코 음악은 사우스 브롱스 주민들과 어울리지 않았다. 그래서 쿨 헉은 펑크 Funk와 알앤비 R&B 음악을 사용했다. 그리고 그의 파티에 참가

9   Fricke(2002), p.3
10   Eric(2003)
11   Fricke(2002), p.41
12   Israel(2002). The Freshest Kids: A History of the B-Boy. DVD
13   동네 주민이 카드 게임이나 간단한 실내 스포츠를 즐길 수 있던 다목적 공간

한 이들은 이 음악의 특정 부분에서 온 몸을 다 사용하는 힘이 넘치는 춤을 췄다. 이 특정 부분은 펑크나 살사에서 멜로디가 제거되고 리듬이 강조되는 부분, 이른바 '브레이크'라고 불리는 부분이었다. 브레이크를 기다렸다가 시작되면 사이퍼[14] 안으로 들어와서 춤추던 소년들을 본 쿨 헉은 그들이 춤을 더 즐길 수 있도록 제임스 브라운의 'Get up on the Good Foot'과 같은 유명한 음반에서 브레이크 부분만 따로 추출하여 자연스럽게 믹스하는 새로운 방식을 선보였다.[15][16]   즉, 음반과 음반 사이를 매끄럽게 연결하기 위해 두 개의 턴테이블 사이를 오가며 '섞는mixing' 기술을 창안한 것이었다.[17] 이는 대성공이었다. 강한 리듬감이 반복되는 새로운 스타일의 음악에 댄서와 관객들은 모두 열광했고 이는 곧 '브레이크 비트' 음악이 되었다. 쿨 헉이 시도한 이 기법은 오늘날 힙합 사운드의 토대가 되며, 브레이킹의 본격적인 시작을 알린 신호탄으로 여겨지게 된다.

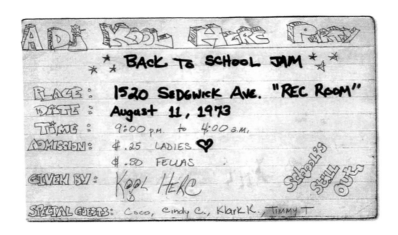

◄
1973년 8월 11일 신디 캠벨과 디제이 쿨 헉의 'Back to School Jam'의 초대 장

---

14   원을 이루어 각자가 프리스타일 댄스를 선보이는 공간을 사이퍼(cyper) 혹은 서클(circle)이라고 함.
15   래리 스타 외(2015), 미국 대중음악 p.484
16   쿨 헉이 플레이한 대표곡으로는 James Brown의 "Give It Up or Turnit a Loose"를 포함하여 Jimmy Castor Bunch의 <It's Just Begun>, Incredible Bongo Band의 "Bongo Rock"과 "Apache", Babe Ruth의 "The Mexican", Rare Earth의 "Get Ready", Baby Huey의 "Listen to Me", Isley Brothers의 "Get Into Something", Yellow Sunshine의 "Yellow Sunshine" 등이 있다.
17   래리 스타 외(2015), p.483

앞서 살펴본 세 가지 기원설을 모두 참고한다면 제임스 브라운의 'Get on the Good Foot', 업록킹, 그리고 DJ 쿨 헉의 파티, 이 세 가지 소스의 조합에서 브레이킹이 비롯되었을 것으로 예상할 수 있다. 실제로 쿨 헉의 파티에서 제임스 브라운 곡들이 플레이 되었다는 것은 그의 인터뷰를 통해 확인할 수 있다. 이로써 비보이와 비걸은 아마도 DJ 쿨 헉의 파티에서 'Get on the Good Foot'과 갱 댄스를 즐겼을 것이라는 합리적인 추론이 가능해진다. 이렇게 여러 영향으로 문화와 움직임이 결합된 브레이킹은 1970년대 초 사우스 브롱스 지역의 청소년들에 의해 점점 확산해 나갔다.

▼
힙합의 아버지 쿨 헉

3.
사이퍼의 주인공이 되다

1973년 8월에 열린 신디와 쿨 헉의 파티는 엄청난 흥행을 거뒀다. 이날 파티에 모인 약 300명은 새로운 음악에 충격을 받았고, 그 중 몇은 자기 지역으로 돌아가 음향 장비를 구해 쿨 헉의 음악 기법을 따라 하기 시작했다. 이들이 바로 오늘날 '힙합의 레전드'로 불리는 그랜드 마스터 플래시Joseph Saddler "Grand Master Flash"와 아프리카 밤바타이다. 뿐만 아니라 이 힙합 파티는 브롱스 지역에 선한 영향을 미치며 흑인 사회를 바꾸었는데, 이 파티 이후 일부 흑인 갱단이 폭력성을 거두고 예술성을 띤 음악 집단으로 변모하기도 했다.

　　또한 이 시기에 브롱스와 할렘 부근에 자신의 닉네임이나 새로운 이름을 만들어 여기저기에 낙서하고 다니는 이들도 생겼다. 그들은 장소를 막론하고 마커나 스프레이로 자신을 알리기에 여념이 없었는데, 영역에 민감한 갱들조차 그들의 용기에 긍정적으로 반응했다. 이들은 주로 청소년들이었는데, 이들은 집단의 힘을 과시하기 보다는 자신의 개성을 정립하는 데 흥미를 느꼈다.[18] 갱들이 점차 시대에 뒤떨어진 취급을 받기 시작했고 오히려 있는 그대로의 나 자신을 표현하는 것이 중요하다는 인식의 확산도 이러한 유행에 한 몫을 담당했다. 갱은 점차 해체되기 시작했고, 그 과정에서 폭력을 멈추기 위해 자발적으로 파티를

18　제프 창(2014). p.121

열고 놀이를 생산했다. 이처럼 뉴욕 흑인 사회에서 힙합은 빠르게 퍼져 나갔고, 그렇게 1970년대 힙합의 토대가 마련되었다.

한편, 쿨 헉의 믹싱 기술은 그랜드마스터 플래시에 의해 더욱 정교화 되었다. 두 음반의 템포를 일치시키고 하나의 곡인 듯 자연스럽게 다음 곡으로 연결하기 위해 헤드폰을 사용하는 방식을 개발한 것이다. 이러한 방식은 다른 디스크의 음악을 돌려 들으며 더욱 정확하게 브레이크의 시작 부분을 확인할 수 있었다.[19] 이에 맞춰 브레이킹의 움직임 또한 발전해갔다. 당시 청소년들은 짧은 브레이크 구간 때문에 임팩트 있는 동작을 위주로 춤을 구사했었는데, 쿨 헉과 플래시의 새로운 믹싱 기술은 비보이들(이후 비걸들까지)이 더 오랜 시간 사이퍼 안에 머무를 수 있는 계기를 마련하였고, 이에 따라 움직임을 보다 여유있게 표현하면서 보다 자유롭게 즐길 수 있도록 만들었다. 당시 파티에서는 누군가가 주변 사람들의 관심을 끄는 춤을 추면 자연스럽게 원을 만들어 관람을 시작했다. 사람들은 차례로 원을 그리며 춤을 추었고 그 원의 중심부에서 춤을 추는 사람들에게 '비보이B-boy'와 '비걸B-girl'이라는 이름이 붙여졌다. 그렇게 그들은 사이퍼의 주인공이 되었다.

1970년대 초반, 브레이킹은 그저 청소년들의 놀이문화에 불과했지만, 앞서 언급한 당대 디제이들이 구사했던 기술의 영향으로 점차 춤을 출 수 있는 음악의 길이가 길어지면서 춤에 대한 정체성이 보다 강조되기 시작하였다. 이후 브레이킹은 사우스 브롱스와 근접한 브룩클린 지역의 유행 춤인 업록을 비롯해 회전 위주의 동작들과 사우스 브롱스 지역의 화려한 풋워크footwork 등의 동작들이 결합되면서 점차 독자적인 장르로 성장해 나갔다.

특히 1975년 즈음부터 브레이킹은 클럽 출입이 불가한 10대 초반의 아이들이 야외에서 열리는 파티에서 즐기기 시작하며 점점 유명해졌다. 이 시기는 거리를 활보하던 스트릿 갱이 서서히 사라지던 시기였기 때문에 어린 비보이들은 배틀 상대를 찾아 브롱스를 활보했다. 마치 무술영화처럼 결투 상대를 찾아 거리를 배회하고, 결투를 위해 창작하고 연습하는 것은 그들에게 일상이 되었다.

실제 초기 브레이킹의 모습은 다 같이 어울리거나 업록과 같이 양

---

19   래리 스타 외(2015), p.486p

측이 동시에 춤추는 형태였다고 한다. 브레이킹의 초기에는 아크로바틱 같은 움직임은 찾아보기 어려웠다. 역동적인 움직임 보다는 자세를 잘 잡는 게 더 중요하다고 생각했기 때문이다. 하지만 70년대 중반 이후에는 보다 역동적이고 화려한 풋워크 동작들이 기존의 춤들과 결합하며 발전을 꾀했다. 음악의 길이의 변화는 그들의 움직임 체계의 변화를 가져왔다. 이러한 변화에 따라 청소년들은 춤을 추기에 넓은 공간이 확보되는 것을 필요하다고 인식하기 시작했다. 그러면서 브레이킹은 오늘날 배틀에서 진행하는 모습과 같이 한 명씩 번갈아가면서 무대(혹은 사이퍼) 중앙으로 들어가 개인의 춤을 보여주는 방식으로 점차 변화하였다.

초기 브레이킹을 이끌었던 청소년들은 대개 아프리카계, 즉 흑인 소년들이었다. 힙합그룹 판타스틱 파이브Fantastic Five의 디제이 케비 케브 록웰Kevin "DJ Kevie-Kev Rockwell" Carson은 "비보잉은 흑인의 것이었다. 나는 푸에르토리코인을 보지 못했다."고 브레이킹의 초창기 상황을 증언했다.[20] 록 스테디 크루Rock Steady Crew의 시작을 도왔던 비보이 조조Hoe "Jo-Jo" Torres 역시 1976년경 브롱스의 푸에르토리코인들은 브레이킹을 많이 하지 않았고, 브레이킹은 주로 아프리카 카리브해계 미국인과 아프리카계 미국인들이 이끌었다고 회상했다.[21]

하지만 1970년대 후반, 브레이킹을 주도하던 아프리카 카리브해계 미국인과 아프리카계 미국인은 브레이킹에 대한 관심을 잃기 시작했다. 1977년 "Freak" 댄스의 등장에 아프리카 카리브해계 미국인과 아프리카계 미국인 커뮤니티가 반응했던 것이다.[22] 뉴욕에 거주했던 푸에르토리코계 비보이 크레이지 레그Richard "Crazy Legs" Colón는 "79년 춤추러 갔을 때 많은 사람들로부터 '왜 아직도 그 춤을 추냐? 그 춤은 이미 끝났어'

20   Nixon et al(2009) p.102
21   Fricke(2002), p.112
22   Driver(2001), p,231

라는 말을 들었다. 79년이 되자, 아프리카계 미국인 비보이들은 거의 없었다.[23]"고 말했다.

비보이 조조 역시 당시를 회상하며 힙합 디제이 아프리카 밤바타와 함께하는 아프리카계 미국인 줄루 킹즈도 브레이킹을 자주 하지 않았다고 말했다. 그들은 더 이상 스니커즈가 더러워지는 것을 원하지 않았다. 아프리카 카리브해계 미국인과 아프리카계 미국인 10대 청소년들은 옷을 깨끗하게 유지하는 춤을 추고 싶어 했다.[24] 그래서 당시 등장한 거의 모든 새로운 동작은 바닥에서 춤을 추되 옷이 깨끗한 상태로 끝내는 것을 목적으로 했다. 이와 관련해 〈힙합 아메리카Hip Hop America〉의 저자 넬슨 조지Nelson George는 아프리카계 미국인 및 아프리카 카리브해계 미국인 10대들에게 브레이킹은 그 당시 춤을 추는 방법이었을 뿐, 그들의 라이프스타일을 표현하는 방법은 아니었다고 지적하였다[25]

이러한 초기 브레이커들의 쇠퇴는 그들이 점점 나이가 들며 생계를 위해 다른 곳으로 옮겨간 것과 관련이 깊다. 그러나 초기 브레이커들의 춤을 보면서 자란 그들의 이웃들은 춤을 멈추지 않았다. 푸에르토리코 브레이커들은 초기 아프리카계 미국인 비보이들의 가르침을 받으며 계속 성장했고, 브레이킹의 맥이 끊기지 않도록 기여했다. 브레이킹의 태동 시기부터 푸에르토리코인은 많지 않았지만 항상 비보이의 일부였다. 결과적으로 그들의 노력이 브레이킹을 지금까지 이어지도록 했다고 할 수 있다.

23   Davey(2005). <http://www. daveyd.com> <2020.01.04.검색>
24   Fricke(2002), pp.112-117
25   Nelson(1998), p.15

4.
파워 무브의 시작

80년대 이전까지의 브레이킹은 아프리카계 미국인과 푸에르토리코인들이 전부였다. 그들은 모두 같은 빈민가에서 살았고 생활의 많은 것을 공유했기 때문에 이들 사이의 인종차별은 있을 수 없었다. 하지만 아프리카계 미국인과 푸에르토리코인이 브레이킹에 접근하는 방법은 서로 달랐다. 아프리카계 미국인과 라틴계 사회에는 각기 다른 춤 문화가 있었는데, 아프리카계 미국인 공동체에서는 린디홉, 찰스턴, 케이크워크, 지터버그, 플래시 댄스와 같은 오래된 춤이, 라틴계 공동체에서는 살사와 맘보가 있었고, 각기 다른 춤이 이들 공동체의 브레이킹에도 각기 다른 영향을 주었던 것이다.[26] 당시 '라틴 록'이라는 탑록이 푸에르토리코계 비보이들 사이에서 행해졌던 점이 이를 증명한다. 브레이킹은 자주 아프리카-브라질의 무술 중 하나인 카포에라의 움직임과 연관되기도 하는데, 1970년대 초 브롱스 어린 소년들에게 카포에라가 노출되었다는 증거는 발견하기 어렵다.[27]

초기 브레이킹은 대부분 서서 추는 형태였다. 그러다가 70년대 중반부터 서서히 춤의 양식이 변하기 시작했는데, 이는 브레이커의 세대교체와 관련이 있다. 푸에르토리코계 비보이들은 브레이킹을 라이프스타일로 받아들이고 기존에 있던 춤의 방식에 자신의 플레이버Flava를

---

26   Rose(1994:49); Banes(1994:149); Schloss(2009:145)
27   제프 창(2014). p.185$

더했다. 이후 더 많은 푸에르토리코 소년들이 참여하면서 브레이킹에 곡예적인 움직임들이 점차 포함되기 시작했다.[28]

　　70년대 중반부터 후반까지, 새롭게 등장한 세대의 영감의 원천은 주로 영화와 TV쇼였다. 특히 브롱스 소년들의 흥미를 끈 것은 무술 영화였다. 당시 타임스퀘어의 극장을 비롯한 뉴욕의 몇몇 영화관들은 쿵푸영화를 상영했다. 1981년부터 1988년까지는 토요일 오후마다 〈드라이브 인 무비Drive-In Movie〉라는 TV쇼에서 장편 쿵푸 영화를 정기적으로 방영하기도 했다. 이 시기에 최고의 인기를 끌었던 액션 배우는 단연 브루스 리Bruce Lee였다. 소년들은 브루스 리의 액션 연기뿐만 아니라 고된 수련 과정과 인내심, 무술 동작의 창작 과정, 공손함과 존중하는 태도에 매료되었다. 이러한 것들은 비보이들이 바닥에서 하는 것이나 움직임에 대한 생각, 그리고 캐릭터를 표현하는데 많은 영향을 주었다. 비보이들은 영화에서 본 다채로운 움직임을 자기들만의 것으로 만들어갔다.[29]

　　당시 뉴욕의 청소년들이 쿵푸 영화를 보기위해 42번가로 향하는 것은 당연한 일이었다. 쿵푸영화의 주된 배경은 홍콩이었는데, 홍콩과 뉴욕은 매우 유사했다. 높은 인구밀도, 심각한 빈부격차, 게토, 높은 범죄율 등이 그러했다.[30] 홍콩 쿵푸영화는 대체로 억울한 일을 당한 후 복수에 성공하는 결말을 보여줬다. 뉴욕의 소년들은 자신들과 비슷한 처지에서 '영웅'이 되어가는 주인공을 드라마를 자신과 동일시하며 즐겼다.

　　미국에서 역사상 가장 큰 인기를 누렸던 쿵푸 스타이자 선구자격 비보이들의 우상이었던 브루스 리(이소룡)는 1958년 라틴 댄스 대회인 〈Hong Kong Crown Colony Cha-Cha〉에서 우승한 경력이 있다. 그래서인지 일부 그의 영화 장면들에서는 탑록킹과 매우 비슷한 하체 움직임을 볼 수 있다. 비보이들은 쿵푸영화에서 본 몇몇 동작들을 자신만의 춤으로 승화시켰다. 그 예로 비보이 켄 스윕Kenneth James Gabbert, "Ken Swift"의 일화를 들 수 있다. 그는 1977년 개봉한 영화 〈7인의 쿵푸 마스터7 Grandmasters〉에서 주인공이 바닥에 누워있고 다른 사람이 그 사람의 팔을 잡아주면 그 힘을 이용해 몸을 당겨 바닥으로 미끄러지면서 상대방을 발로 차는 장면을 인상 깊게 보았고, 이것은 훗날 켄 스윕을 대표하

28　Davey(2005). <http://www. daveyd.com> <2020.01.04.검색>
29　Eric(2003) <https://floortactics.wordpress.com/> <2019.08.10.검색>
30　Eric(2003) <https://floortactics.wordpress.com/> <2019.08.10.검색>

는 동작인 플로잉 다운스트림Flowing downstream을 개발하는데 일조했다.[31] 이처럼 비보이들은 쿵푸영화에서 춤과 유사한 모습을 발견하면 실제 그들이 동작을 개발하거나 안무를 구성하는데 활용했다.

트랙2를 비롯한 선구자격 비보이들은 그들의 루틴에 쿵푸가 영향을 미쳤다고 말했다. 쿵푸영화의 섬세한 군무는 2명 이상의 비보이들이 자신들만의 루틴을 창작하는데 영감을 주었다. 쿵푸영화나 비보이 루틴은 꾸준한 연습과 창의성이 있어야 한다는 공통된 특징이 있다.[32] 비보이 릴 렙Ray "Lil Lep" Ramos은 뉴욕 시티 브레이커즈New York City Breakers에 있을 때에 했던 군무들을 떠올리며, 한 명이라도 틀리면 처음부터 계속 연습을 했다고 말하기도 했다. 그들은 완벽을 목적으로 반복된 연습을 통해 서로의 합을 맞추며 성장해나갔다.

비슷한 시기에 곡예적인 동작들이 브레이킹에 활용되기 시작했다. 특히 푸에르토리코계 비보이들은 무술과 파워 스핀을 브레이킹에 접목시켰다. 주로 푸에르토리코인들로 구성되었던 록 스테디 크루는 헤드스핀, 핸드글라이드, 윈드밀을 선보이며 브레이킹의 한계를 뛰어넘는 움직임을 소개하는데 앞장섰다. 이러한 움직임들은 많은 힘과 민첩성이 필요하기 때문에 '파워 무브Power Move'로 불렸다. 프레시Mr. Fresh는 80년대 초반 록 스테디 크루에 의해 파워 무브가 추가된 것으로 보았는데,[33] 트랙2에 의하면 1978년 즈음부터 가장 기본적인 파워 무브가 선보여졌다고 한다.[34] 당시 뉴욕의 분위기는 비보이 크루들이 라이벌 구도를 가지며 서로의 스타일을 가지고 대결하여 최고를 가리는 것이 유행이었다. 이후 이러한 대결구도가 과열되면서 비보이들은 자신과 크루의 가치를

31   Eric(2003) <https://floortactics.wordpress.com/> <2019.08.10.검색>
32   Eric(2003) <https://floortactics.wordpress.com/> <2019.08.10.검색>
33   Fresh(1984). p.13
34   Eric(2003) <https://floortactics.wordpress.com/> <2019.08.10.검색>

높이기 위해 여러 방면에서 영감을 받아 스타일을 구축했는데, 이러한 상황은 파워 무브 형태의 새로운 움직임을 개척하게 만들었다.

비보이들은 스크린에서 본 무술 동작들을 바로 흉내내곤 했다. 한 예로, 영화 〈소림사Shaolin Temple, 1976〉, 〈취권Drunken Master, 1978〉, 그리고 〈대살사방Killer Army, 1979〉에서 헤드스핀을 반 바퀴에서 한 바퀴 정도 도는 장면이 있는데, 플로어 마스터즈Floor masters의 비보이 릴 렙은 이를 바탕으로 자신만의 헤드스핀을 만들어 냈다. 정자세에서 시작하는 게 아니라 풋워크에서 바로 헤드스핀을 선보인 것이다.

또한 파워 무브의 선구자로 평가받는 트랙2는 따라하는 것을 넘어 직접 가라데를 배우기도 했다. 물론 무술을 제대로 배우려는 것보다 움직임을 모방해서 자신의 춤에 추가하기 위한 것이었으리라 짐작할 수 있다. 훗날 트랙2는 한 인터뷰에서, "나는 무술을 춤에 포함시킨 것이지, 무술에 브레이킹을 넣은 것이 아니다"[35]라고 강하게 말했다. 실제로 파워 무브는 브레이킹에서 중요한 개념인 리듬감이나 스타일 표현이 어렵다는 점에서 오랜 기간 논쟁의 대상이었다. 때문에 트랙2의 이 발언은 파워 무브는 무술의 동작을 춤으로서 재해석한 것임을 분명히 했다는 데 의미가 있다.

내부에서는 이런 논란이 있었지만, 파워 무브는 순식간에 언론의 주목을 받기 시작했다. 10대 비보이들의 무모함과 힘있는 움직임은 사람들을 매료시키기에 충분했다. 1970년대 후반, 비보이들은 사이퍼의 주인공을 넘어 새로운 대중문화의 주인공이 되어가고 있었다. 이렇게 브레이킹은 유례없는 전성기를 맞이하게 되었다.

35   Schloss(2009). p.30$

5.
미디어가 브레이킹을 주목하다

1980년대는 힙합이 대중의 이목을 집중시켜 황금기를 누리게 된 결정적인 시대였다. 각종 미디어는 비보이에 대해 많은 스포트라이트를 쏟아냈다. 1981년 4월 신문 〈빌리지 보이스The Village Voice〉는 무용 연구가 샐리 베인스Sally Banes와 사진가 마사 쿠퍼Matha Cooper의 기사인 'Physical Graffiti: Breaking is Hard To Do'를 첫 페이지에 게재했다. 이는 브레이킹에 대한 최초의 기사로, 역동적인 비보이의 모습이 사진에 고스란히 담겨있었다. 같은 해 6월에는 ABC 방송국의 보도 프로그램 〈20/20〉을 시작으로 여러 미디어가 맨해튼의 비보이를 촬영했다. 가장 화제를 모았던 것은 당대 최고의 인기를 누리고 있던 록 스테디 크루와 그의 라이벌 다이나믹 록커스가 링컨 센터의 아웃 오브 도어 페스티벌Lincoln Center Out Of Doors Festival에서 벌인 배틀이었다. 이 배틀에서 양 팀 모두 최고의 기량을 뽐내며 많은 사람들을 열광하게 만들었다.

　미디어에서 비보이가 대중적 호소력을 얻으면서 사람들은 브레이킹을 "브레이크 댄싱Break Dancing" 혹은 "브레이크 댄스Break Dance"라고 부르기 시작했다. 아쉽게도 미디어는 브레이크 댄스와 브레이킹의 주요 차이점을 알지 못했고, 비트에 맞춰 춤을 추는 댄서의 능력보다 트릭에만 집중하며 곡예적인 움직임을 칭찬하기 바빴다. 이후 록 스테디 크루의 크레이지 레그는 자신의 춤이 브레이킹 혹은 비보잉이라는 것을 알면서도 이 시기의 미디어들이 브레이크 댄싱이라고 부를 때 본인 역시

그렇게 불렸었다고 고백했다.[36]

1982년 즈음에는 서부에도 브레이킹 팀들이 생겨났다. 동부에서 시작한 브레이킹이 미디어를 타고 물리적인 거리를 뛰어넘어 서부에 전해진 것이다. LA지역의 비보이들은 라디오 트론The Radio Tron이라는 클럽을 기반으로 활동하면서 브레이킹 씬을 구축해갔다. 당시 서부에는 락킹Locking과 팝핑Popping이라는 춤이 이미 유행 중이었는데, 동부에서는 이 춤을 일렉트릭 부기Electric Boogie, 팝락킹Poplocking이라는 이름으로 부르고 있었다. 동시대 춤인 락킹과 팝핑은 브레이킹의 한 파트로 인식되어 자연스레 수용되었고 발전해갔다. 이렇게 각기 다른 세 장르의 춤들은 미디어에 의해 브레이크 댄스라는 이름으로 통합되어 더욱 빠르게 전국으로 퍼져나갔다.

한편, TV뿐만 아니라 영화계 역시 비보이들에게 러브콜을 쏟아냈다. 영화 속 영웅을 따라하던 비보이들이 직접 영화에 출연하게 된 것이다. 특히 83년을 기점으로 브레이킹을 주제로 하는 영화들이 연이어 개봉하면서 비보이들은 점차 흥행에 필수적인 요소로 자리 잡게 되었다. 83년 3월에는 완전히 힙합문화에 초점을 맞춘 최초의 장편 영화인 〈와일드 스타일Wild Style〉이 개봉했다. 이 영화는 찰리 아히언Charlie Ahearn이 감독을 맡은 인디 영화였는데, 사실 대중적인 인기를 얻지는 못했다. 그러나 최초의 힙합영화라는 것에 충분히 의의가 있다고 할 수 있다. 영화 〈와일드 스타일〉은 애초에 브레이킹을 중심으로 기획된 것이 아니라 영화제목에서 알아차릴 수 있듯이 그래피티를 주축으로 힙합의 다양한 요소를 다큐멘터리 형식으로 제작한 것이었다. 미스터 프리즈Marc "Mr. Freeze" Lemberger, 미스터 위글스Steffan "Mr. Wiggles" Clemente 등과 같은 당대 최고의 비보이들의 라이프스타일을 소개했으며, 팹 파이브 프레디Fab 5 Freddy, 콜드 크러쉬 브라더스The Cold Crush Brothers, 그리고 푸투라 2000Futura 2000과 같은 유명 MC, DJ, 그래피티 아티스트들을 주인공으로 한 이 영화는 1982년 힙합 정신을 표현한 작품 중 가장 명작이라고 할 수 있다.

같은 해 4월, 브레이킹 대중화의 한 획을 그은 영화 〈플래시댄스Flashdance〉가 개봉했다. 〈와일드 스타일〉과 다르게 힙합이 중점으로 다뤄지는 스토리는 아니었지만, 영화 장면마다 나오는 록 스테디 크루의 브

---

36   Israel(2002). The Freshest Kids: A History of the B-Boy. DVD

레이킹은 관객들의 이목을 집중 시켰다. 특히 길거리에서 브레이킹과 팝핑을 하는 비보이들의 모습은 지금까지도 사람들이 모방하는 자료로 사용된다. 이 영화는 전 세계에서 인기를 누리며 큰 수입을 창출했고, 오늘날 브레이킹을 세계적으로 널리 알리는 데 크게 기여했다.

이듬해인 84년에는 해리 벨라폰테Harry Belafonte가 제작한 영화 〈비트 스트릿Beat Street〉이 개봉했다. 이 영화는 할리우드식으로 각색된 힙합의 모습을 담아냈다는 평가를 받으며 흥행에 성공했다. 이 영화는 매그니 피센트 포스Magnificent Force의 부기 보이즈the boogie-boys, 록 스테디 크루, 뉴 욕 시티 브레커스에게 유명세를 안겨주었다. 하지만 주연 배우들이 실제 인물들보다 더 나이가 들어 보였다는 것과 스트릿 풍의 대화가 '가짜'같은 느낌을 주는 아쉬움도 있었다. 이 영화에 출연했던 켄 스윕은 이후 이 영화에 대한 이야기를 하면서 영화 제작자들이 힙합에 대한 이해가 없었기 때문에 어색한 의상을 준비하고 어설픈 그래피티로 세트장을 꾸몄던 것을 회상하기도 했다. 그러면서 그는 자신과 동료들이 그 당시 이 영화가 가져올 영향력을 크게 인식하지 못했다는 안타까움을 토로했다.[37] 하지만 출연했던 비보이들의 안타까움과는 다르게, 이 영화를 보고 춤을 그만두었던 많은 이들이 다시 춤을 추기 시작했다.[38]

〈비트 스트릿〉 이후에 브레이킹은 더 이상 언더그라운드 문화가 아니었다. 이러한 인기에 힘입어 서부에서도 영화가 제작되기 시작했다. 당시 인기가 있었던 락킹과 팝핑이 함께 결합된 안무가 주를 이루는 영화 〈브레이킹Breakin'〉이 개봉했고, 이후 〈브레이킹2: 일렉트릭 부갈루 Breakin' 2: Electric Boogaloo〉까지 제작되었다.

브레이킹의 인기는 식을 줄 몰랐다. TV, 라디오, 신문, 잡지 등 온갖

37   Alan Light(1999). The Vibe History of Hip Hop. p.57
38   Fricke(2002), p.302

미디어는 '브레이크 댄스'라는 용어로 대대적으로 보도했다. 미국 내 젊은이들은 스크린으로 보았던 브레이킹을 따라 추고 싶어 했고, 비보이와 비걸이 아닌 사람들에 의해 브레이킹 관련 책과 비디오들이 학습용으로 우후죽순 쏟아져 나왔다. 80년대 미디어는 브레이킹을 대중들이 좀 더 쉽게 소비할 수 있는 상품으로 포장했다. 강력한 미디어에 힘입어 전 세계적으로 점점 더 많은 사람들이 상업화된 '브레이크 댄스' 동작을 모방하기 시작했다. 매체의 영향을 받은 대부분의 사람들은 단순히 몇몇 동작을 모방하거나, 브레이킹에 대한 이해가 없는 상태에서 이를 상품화시켰다. 그렇게 브레이킹은 그 기원과 의미를 상실한 채로 여기저기에서 소비되기 시작했다.

85년까지 브레이킹은 계속해서 마케팅의 수단으로 활용되며 끊임없이 대중에게 노출되었다. 어떤 방법도 브레이킹의 열기를 식히기에는 역부족이었지만 역설적이게도 과도한 마케팅이 브레이킹의 유행을 멈추게 했다.[39] 유행이 끝났을 뿐 아니라, 아예 브레이킹이 사라졌다고 볼 수 있을 정도까지 이르렀다.[40]

인기가 사그러든 브레이킹은 다시 언더그라운드로 돌아왔다. 엄청난 유명세를 맛보던 비보이들은 다시 냉담한 현실을 마주하게 되었다. 그러나 마치 롤러코스터와 같은 경험을 이미 해본 그들이었기에 다시 순수하게 춤에만 몰두하는 것은 쉽지 않았다. 그렇게 엔터테인먼트 업계로부터 인연이 끊기고 유랑하던 그들은 결국 돈을 위해 잘못된 선택하기에 이르렀다. 소위 잘나가던 비보이와 비걸들은 생계를 위해 다른 직업을 찾거나, 마약을 판매하거나 갱과 같은 생활로 돌아갔던 것이다. 이때 많은 브레이킹의 선구자들이 세상을 떠났다.[41]

39 제프 창(2014). p.328
40 Israel(2002). The Freshest Kids: A History of the B-Boy. DVD
41 제프 창(2014). p.331

1980년대 중반부터 후반까지 미국에서의 브레이킹은 암흑기와 다름 없었다. 이미 브레이킹을 대체하는 새로운 춤들도 유행하고 있었다. 하지만 언더그라운드에는 여전히 브레이킹을 지키고 꾸준하게 발전시킨 사람들이 있었다. 그들은 특히 유럽과 일본 등 해외에서 활동을 이어가며 브레이킹을 세계에 알리고자 노력했다. 미디어가 브레이킹을 소비했던 방식에서 교훈을 얻은 그들은 단지 브레이킹의 외적 화려함을 전한 것이 아니라, 브레이킹 문화와 본질을 전하는데 더 많은 노력을 기울였다.

90년대에 접어들면서 마침내 록 스테디 크루가 활동을 재개했다. 이들은 뉴욕에서 리듬 테크니션스Rhythm Technicians, 매그니피센트 포스와 함께 게토 오리지널Ghetto Original이라는 단체를 설립하고, 그동안 쌓아온 미디어와 무대 경험을 활용하여 최초의 힙합 뮤지컬인 〈잼 온 더 그루브Jam On The Groove〉를 제작했다. 이 작품은 브로드웨이에서 최초로 상영한 힙합 쇼로서, 당시 브로드웨이 뮤지컬이 재즈댄스를 기반으로 하는 안무가 주를 이루었던 것과는 달리 브레이킹을 비롯한 스트릿 댄스를 중심으로 기획된 공연이었다는 점에서 아주 획기적인 시도였다. 특히 97년에는 캘빈 클라인Calvin Klein의 후원으로 미국 및 해외 공연을 다니며 무대 예술로서의 성공 가능성까지 보여주었다. 켄 스읍은 한 인터뷰에서 "힙합 문화를 살리기 위해, 또 이 문화가 가진 진정한 모습을 보여주기 위해서는 힙합 문화의 태동기를 함께 했던 사람들이 이를 보여주어야 한다"고 언급했다.[42] 사실 이 시기에 힙합음악이 이미 주류로 인정받고 있었다는 점을 감안한다면, 그는 미디어가 망친 브레이킹의 참된 모습을 이 뮤지컬을 통해 보여주고자 했음을 추측할 수 있다. 그를 비롯한 제작에 참여한 많은 비보이와 비걸은 스스로 브레이킹의 청사진을 새롭게 그리기 시작했고, 이들의 노력으로 브레이킹은 스크린, 무대, 거리에서 다시 활력을 얻었다. 이처럼 브레이킹은 90년대에 기적처럼 부활하여 브레이킹의 뿌리와 의미를 아는 현명한 이들의 재능을 통해 세상에 다시 소개됐다.[43]

42 Davey(1997) <http://www.daveyd.com> <2020.01.04.검색>
43 Alan Light(1999). p.59

6.
국제 브레이킹 시대의 서막

힙합 음악을 비롯한 미국 대중문화가 세계에 알려지기 시작하면서, 브레이킹도 함께 세계로 진출하기 시작했다. 1983년 5월, NBC 방송국이 방영한 〈Motown 25: Yesterday, Today, Forever〉에서 당대 최고 인기 가수였던 마이클 잭슨Michael Jackson이 〈빌리 진Billie Jean〉을 부르며 선보인 문워크Moon Walk는 전 세계 사람들을 충격에 빠트렸다. 뿐만 아니라 84년 LA 하계 올림픽 폐막식에서 100명이 넘는 비보이와 비걸들이 공연을 하고, 이듬해인 85년 레이건 대통령의 취임식에서 뉴욕 시티 브레이커스가 축하공연에 오르며 브레이킹은 곧 미국을 대표하는 새로운 대중춤으로 세계에 알려졌다. 당시 미국의 대중문화 영향에 있던 많은 국가들은 놀라운 비보이와 비걸들의 움직임에 매료되었고 그 결과 각 국가들의 청소년에게 선풍적 인기를 얻기 시작했다. 1980년 후반에는 〈플래시댄스〉, 〈브레이킹〉등과 같은 영화들이 개봉되면서 전 세계의 젊은이들을 사로잡았다.

브레이킹의 확산은 미디어를 타고, 또 다른 여러 가지 방식을 통해 전파되었다. 그리고 이렇게 알려진 브레이킹은 동시다발적으로 수많은 지역에서 각각의 다른 성격으로 발전되었다. 브레이킹의 존재가 없던 동네의 거리와 공원에서 사이퍼들이 생겨났고, 그 안에서 브레이킹 문화가 자리잡기 시작했다. 시대와 공간, 문화는 각기 달랐지만, 브레이킹이 전해지기 시작한 곳은 대체로 초기 브롱스의 모습과 다를 바가 없었

33

다. 초기 브레이킹의 모습을 담은 일명 '자료'를 참고하여 각자 연마해온 기술을 뽐내고 겨루면서 실력을 검증하는 것까지도 초기 브롱스의 모습이었다. 세계적으로 브레이킹 마니아들의 수가 빠르게 늘어났고, 브레이킹 팀이 결성되었다. 세계 각지에 생겨난 팀들은 다른 팀과 만나 춤을 추는 방식을 공유하고 비교하며 성장하기 시작했다.

당시 브레이킹의 배틀은 사이퍼에서 춤을 추는 상황 중 자연스럽게 발생했는데, 승패를 가르는 방식은 단순했다. 먼저 빨리 지치거나, 다양하고 흥미로운 동작을 구사하지 못하거나, 존경 할 수 없는 방식으로 행동하면 패배였다. 따라서 배틀에서 누가 승자고 패자인지 분명하게 알 수 있었다. 그러나 양 쪽 모두가 잘 겨뤘다면, 둘 다 승자로 간주하는 이상적인 모습도 있었다. 배틀에서 승패를 가르는 것은 심사위원이나 관중이 없어도 가능했는데, 이는 브레이킹 배틀이 단순히 승리를 목적으로 하는 것이 아니라 문화를 공유하고 우정을 나누며 서로 존중하는 마음을 기반으로 했기 때문에 가능했던 일이다.

시간이 흘러 브레이킹에 대한 일반인들의 관심이 커지면서 승패를 결정하는 방식에 대한 기준이 필요해졌다. 명확한 채점 기준이 없다면 브레이킹에 대한 정보가 없는 사람들은 공식적으로 누가 이겼는지 알 수 없었기 때문이다. 새로 브레이킹에 흥미를 가지게 된 이들에게는 배틀 과정의 쇼 적인 재미도 중요했지만, 우승자를 축하하는 것 역시 중요했다. 이렇게 배틀이 대중을 위한 쇼의 성격을 가지게 되면서, 많은 배틀이 '대회'라는 이름으로 우승자를 선택해서 물질적으로 혜택을 주는, 즉 상금이나 상품을 주는 방식으로 변하기 시작했다.

최초의 국제 브레이킹 배틀은 1990년에 시작된 독일의 배틀 오브 디 이어Battle of the Year, 이하 BOTY이다. BOTY는 프로 브레이킹 크루들이 춤의 가치와 능력을 입증할 수 있도록 큰 무대를 제공하겠다는 취지로 기획되었다.[44] BOTY는 매년 10월 중순, 일주일동안 진행되는데 관객만 1만2천여 명이 넘을 정도의 큰 대회로, 일명 비보이들의 월드컵Worldcup of breaking이라고 불린다. BOTY 이전의 배틀은 놀이 문화를 기반으로 심사위원과 댄서, 관람자가 명확하게 구분되지 않고 어우러진 형태였지만, BOTY는 심사위원과 채점 기준, 우승자에 대한 상을 지정했고 댄서와 관람자의 구분을 도입했다. BOTY의 독특한 점은 토너먼트 형식의 배틀만 치러지는 타 대회와는 달리, 각국을 대표하는 팀들의 퍼포먼스도 감상할 수 있는 부문이 있다는 것이다. 이 퍼포먼스로 1차 심사를 거친 후, 상위 네 팀을 선발하여 토너먼트 형식의 배틀을 벌인다. 특히 각국에서 모이는 만큼 각 나라의 특성을 반영한 훌륭한 퍼포먼스를 해마다 볼 수 있어 대중에게 큰 사랑을 받고 있다.

독일과 가까운 영국 역시 1996년부터 영국 비보이 챔피언십UK B-boy Championship, 이하 UK CHAMPS를 개최하고 있다. 매년 16개국을 대표하는 크루들이 출전해 우승을 놓고 배틀하는 형식인데, 팀 배틀 뿐만 아니라 솔로 배틀도 함께 열린다. 2대2 락킹 배틀과 1대1 팝핑 배틀 역시 개최되고 있지만 흥행여부에 따라 매년 지속되지는 않는다. 많은 브레이킹 대회가 그러하듯, 이 대회의 하이라이트 역시 팀 배틀이라고 할 수 있다. UK CHAMPS의 팀 배틀은 토너먼트 방식으로 진행되고 있으며, 이 대회 역시 BOTY와 함께 유럽의 브레이킹 씬을 이끄는 중추적 역할을 담당하고 있다.

한편, 브레이킹의 본고장인 미국에서도 국제적인 브레이킹 행사가 시작되었다. 1997년, 비보이 크로스 원Chris "Cros One" Wright의 주최로 프리스타일 세션Freestyle Session이 개최된 것이다. 프리스타일 세션은 미국에서 열리는 최대 규모의 브레이킹 이벤트로, 미국 브레이킹 씬의 재도약

44   Lee Benson(2007). Planet B-Boy, DVD.

에 중요한 역할을 담당했다. 대부분 3대3 배틀이 이루어지는 다른 대회와는 다르게, 2대2에서 전체 팀 배틀에 이르기까지 다양한 배틀 형식을 도입했고, 2013년부터는 지역예선을 개최하면서 국제적인 수준의 배틀로서의 기준도 높이기 시작했다. 프리스타일 세션이 있기 전인 1994년부터 비걸 아시아 원Asia One에 의해 기획된 비보이 서밋B-boy Summit 역시 브레이킹 역사에서 빠질 수 없는 주요한 이벤트 중 하나이다. 비보이 서밋은 수백명의 비보이와 비걸들이 모여 하루 종일 춤을 추는 거대한 파티와 같다. 참가자들은 사이퍼에 모여 춤을 추다가 자연스럽게 배틀을 하기도 하고, 다시 사이퍼로 축소되기도 한다. 비보이 서밋은 이처럼 참석자들이 능동적으로 다양하게 즐길 수 있다는 특징이 있다. 또한 많은 브레이킹 대회가 우승을 위한 경쟁을 중요하게 생각하는 반면, 비보이 서밋은 힙합 문화를 공유하는 것을 중요하게 여긴다는 차이가 있다.

유럽에도 이와 비슷하게 페스티벌 형식을 취하는 브레이킹 이벤트가 있다. 바로 비보이와 비걸의 꿈의 무대라고도 불리는 네덜란드의 노토리어스 아이비이Notorious IBE, 이하 IBE이다. 1998년부터 시작한 이 행사는 매년 수천 명이 모여 사이퍼와 배틀을 벌인다. IBE 무대에 오르는 사람들은 전년도 메이저급 브레이킹 행사들에서 활약한 비보이와 비걸들이다. 주최 측은 눈에 띄는 활약을 한 비보이와 비걸을 적극적으로 행사에 초청하고 자유롭게 춤출 수 있는 크고 작은 춤판을 마련해 놓는다. 당대 최고의 비보이와 비걸이 모인 행사인데다, 심사위원이 없는 사이퍼와 친선 배틀, 그리고 심사위원과 상금이 존재하는 배틀 대회, 그리고 브레이킹 문화와 관련된 디제이나 그래피티 작가, 사진작가 등의 토크쇼와 워크샵도 기획되어 과거와 현재의 문화를 한 곳에서 골고루 경험할 수 있기에 많은 사람들이 높은 만족도를 보이는 행사이기도 하다. 특히 이 행사는 다른 브레이킹 대회들과 달리 경쟁보다는 지역 축제 형식으로 진행된다는 점이 흥미롭고, 행사 기간 내내 동네 곳곳에서 잼이 열리고 있어 많은 비보이와 비걸이 꼭 가보고 싶어하는 이벤트로 여겨지고 있다.

　아시아의 주요한 배틀 대회로는 2007년, 한국에서 열린 R-16 대회가 있다. R-16은 16개국의 나라의 브레이킹 팀과 비보이를 각각 초청해서 팀 배틀과 솔로 배틀 토너먼트를 통해 챔피언을 결정하는 대회이다. 배틀 뿐만 아니라 쇼 케이스 경연을 통해 베스트 쇼를 선정하여 시상하기도 했다. 그러나 한국관광공사가 주최하던 이 대회는 2015년을 끝으로 이후 대만으로 운영 주체가 변경되었고, 이후 역사 속으로 사라져 아쉬움을 남겼다. 하지만 브레이킹의 강대국으로 평가받게 된 한국은 곧이어 부천 세계 비보이 대회BBIC KOREA, 이하 BBIC를 기획했다. 한국을 대표하는 비보이 팀 진조크루가 주관을 맡았고, 그들이 뿌리를 두고 있는 부천시가 주최와 후원을 도왔다. 2016년 처음 시작된 BBIC는 지자체에서 최초로 개최하는 국제 규모의 대회로서 큰 성공을 거두었다. BBIC 역시 토너먼트로 경합을 벌여 우승자를 선정하는 배틀 형식을 취하고 있으며, 행사는 4대4 브레이킹 배틀, 1대1 브레이킹 배틀, 1대1 팝핑 배틀, 올 장르 퍼포먼스로 구성되어 있다. 대회가 시작한지 5년이라는 시간밖에 되지 않았지만, 벌써부터 세계 메이저 대회로서 인정받으며 한국을 대표하는 대회로 자리매김하고 있다.

　마지막으로 살펴볼 대회는 다른 대회가 팀 배틀을 주로 하는 것과는 다르게, 솔로 배틀을 중심으로 최고의 비보이를 가리는 레드볼 비씨원RedBull BC ONE. 이하 BC1이다. 2004년, 에너지 드링크 회사인 레드볼는 전세계 브레이킹 이벤트의 챔피언들만 초대해서 경합을 벌이는 흥미로운 이벤트를 기획했다. 1대1 형식의 16강 토너먼트로 진행하는 BC1은 '모든 브레이킹 챔피언 중 단 한 명의 브레이킹 챔피언을 찾기 위한 대회'라는 점을 부각시키며 대회 이름을 알렸다. 첫 번째 BC1은 TV와 인터

넷 매체를 통해 생중계되었는데, 많은 관객을 유치시키며 만족스러운 성공을 거두었다. 그들은 매년 열리는 세계 결승전의 참가자를 결정하기 위해 그들만의 국가 및 대륙별 예선을 치르면서 토너먼트를 확대하였다. 레드불은 브레이킹 행사를 지속하기 위해 전문 관리 시스템을 구축하면서 비보이와 비걸들을 지원했고, 이 모습은 마치 프로 스포츠 리그전과 그에 참여하는 선수들을 보호하는 구단과 같은 모습처럼 보였다. BC1이 유명세를 확실하게 타면서 몇몇의 브레이킹 마니아들은 짙어지는 스포츠성에 우려를 표했다. 브레이킹이 단지 우승을 위한 춤이 될지도 모른다는 두려움이었다. 실제로 BC1처럼 많은 자본 투자가 이루어지는 대회, 즉 우승 혜택이 큰 대회가 많아질수록 브레이킹의 스포츠화 현상이 두드러졌기 때문에 이런 두려움이 생기는 것은 당연한 일이었다.

거대 자본의 유입으로 규모가 확장되기 시작하면서, 브레이킹 대회에는 새로운 규칙들이 생겨나기 시작했다. 이러한 계획적이고 전문적인 방식으로의 변화는 관중들에게는 편리함을 주었지만, 비보이와 비걸들에게는 틀에 얽매이지 않을 자유로움의 상실을 남겼다. 대형 규모의 경연 대회들을 통해 유명 비보이와 비걸, 브레이킹 팀이 등장했지만, 실질적으로는 대규모 행사가 브레이킹 씬의 문화를 고려하지 않아 오히려 문화를 파괴했다는 비난을 듣기도 했으며, 대부분의 브레이킹 대회가 탈락자가 존재하는 토너먼트 형식을 채택하면서 단지 이기기 위한 브레이킹이 브레이킹의 본질로 비춰질까 염려하는 이들도 있었다. 이러한 비판은 브레이킹은 문화이며 라이프스타일의 표현이고, 나름의 전통을 가진 복합적인 예술임에도, 관중들에게 비보이와 비걸이 그저 예술가가 아닌 스포츠 선수와 같은 모습으로 인식되는 것에 대한 우려였다.

다행스럽게도 브레이킹 행사 관련자들은 이러한 비판을 충분히 수용하여 다양한 방식을 통해 브레이킹 대회를 운영하고 있다. 단순히 배틀만이 부각되지 않도록 대회에서 그래피티 작가의 작품을 전시하거나 MC 공연을 추가하기도 하고, DJ 부스를 따로 만들어 본 행사와 별개의 잼이 운영될 수 있는 환경을 조성하는 노력이 그 예이다. 또 존경받는 비보이와 비걸을 포함한 여러 힙합 문화 종사자들의 워크샵을 진행하기도 한다. 이는 브레이킹의 강력한 문화적 힘과 힙합의 여러 요소들의 유기적 관계를 행사 주최자들이 인식하기에 가능한 일이다. 궁극적으로 브레이킹 행사 관련자들은 단순히 상업적 목적이 아닌 커뮤니티를 활성화를 목표로 하고 있다.

브레이킹의 세계화 과정에서 국제적인 규모의 대회가 중요한 역할을 했다는 것은 명백한 사실이다. 그리고 이 대회는 스포츠성이 부각된 형태였기 때문에, 많은 사람들이 브레이킹을 경쟁 스포츠처럼 인식하는 것은 어찌보면 당연하다. 비보이와 비걸들이 의도하진 않았지만, 지금의 브레이킹은 경쟁 스포츠처럼 보이게 되었다. 원래 사이퍼는 원형이었지만, 이제는 관객에게 더 잘 보이기 위해 반원 형태가 되었다는 것만 봐도 브레이킹의 대중화가 브레이킹 씬에 미친 영향을 알 수 있다. 반쪽짜리 사이퍼가 아쉬울 수 있지만, 어쩌면 이러한 변화로 인해 브레이킹이 대중과 함께할 수 있는 기회를 얻게 되었을지도 모른다.

켄 스윕은 한 인터뷰에서 70년대 중반을 떠올리며 당시에는 지나가는 사람이 사이퍼 안에서 진행되는 일을 알 수 없었다고 말한 적이 있다. 이처럼 초기 브레이킹이 언더그라운드에서 마니아들이 향유하던 문화였다면, 지금의 브레이킹은 대중문화와 함께 하고 있다. 앞으로의 브레이킹이 건강한 문화 예술로 존재할 수 있도록 하기 위해서는 남은 사이퍼의 반쪽, 즉 화려한 배틀의 기반이 되는 브레이킹의 역사와 문화 예술적 측면을 대중에게 알릴 수 있도록 노력해야 할 것이다.

7.
금메달을 향한 질주

"오늘, 길거리에서 추던 춤이 올림픽의 초대를 받았습니다."

한국시간 2020년 12월 8일, 한국 비보이와 비걸들은 걱정과 설렘으로 한 뉴스를 접했다. 국제 올림픽 위원회(IOC)가 브레이킹을 올림픽 정식종목으로 채택했음을 발표한 것이다. 앞서 2016년, 국제 올림픽 위원회는 2020 도쿄 올림픽에 서핑과 암벽등반, 스케이트보드 및 3대 3 농구를 추가하기로 결정했고, 이후 올림픽에서 주최국에게 대중의 관심을 이끌 수 있는 종목을 선택할 수 있도록 했다. 이에 2020년 주최국인 일본은 자국 메달 획득 가능성이 높은 야구와 소프트볼을 선택했고, 2024년 주최국 프랑스는 브레이킹을 선택했다. 서핑과 스케이트 보드처럼 젊은이들이 좋아하는 스포츠가 국제 올림픽 위원회에 의해 채택이 된 터라 프랑스가 브레이킹을 선택한 것이 놀라운 일은 아니었다. 실제로 프랑스는 브레이킹 강국으로, 메달 확보 가능성이 높게 평가되고 있기 때문이다.

2024 파리 올림픽에서 브레이킹을 정식 종목으로 채택하고자 하는 논의는 2018년에 있었던 부에노스아이레스 유스 올림픽Youth Olympic Game의 성공적인 개최와 운영이 영향을 미쳤다고 볼 수 있다. 이 대회에서 브레이킹이 대회 종목으로 채택되어 경기가 이루어졌기 때문이다. 결과는 성공적이었다. 브레이킹 경기가 열릴 때마다 3만 명이 넘는 관중이

모여 축제같은 분위기가 만들어졌고, 이를 IOC 위원장인 토마스 바흐가 직접 보기도 했다. 이에 브레이킹 관계자들은 브레이킹이 올림픽 정식종목으로 채택될 것이라는 기대감을 가지게 되었다.

뿐만 아니라 올림픽 정식종목 채택을 위한 브레이킹 마니아들의 노력도 있었다. 전설적인 비보이 스톰Storm을 비롯한 많은 이들이 브레이킹의 올림픽 채택을 지지해달라는 글을 소셜 미디어에 게시했다. 그들은 IOC가 지난 10년간 올림픽이 과거를 답습하고 있다는 비판을 벗어나기 위해 젊은 세대를 끌어들일 종목을 고민하고 있다는 것을 기회로 삼았다. 많은 젊은이들이 브레이킹의 정식 종목 채택을 지지하는 해시태그와 이미지를 올리면서 국제 올림픽 위원회에 영향력을 행사하기 시작했다. 이런 움직임은 브레이킹이 올림픽을 필요로 하는 것이 아니라, 올림픽이 브레이킹을 필요로 하는 여론을 국제적으로 형성했다. 결과적으로 토마스 바흐 IOC 위원장은 기존의 스포츠를 좋아하지 않는 젊은 세대를 끌어들여 올림픽을 더 세련되고 역동적으로 만들어 줄 것이라 기대하며 브레이킹을 정식 종목으로 승인했다.

브레이킹 관련자들은 IOC 결정에 환호하는 분위기이다. 서로 기량을 겨루고 평가하는 브레이킹에 스포츠적 속성이 이미 내재되어있다는 것을 이미 공감하고 있었기 때문이다. 올림픽 채택으로 예술과 스포츠가 접점을 이루며 융합할 수 있는 가능성을 열었다는 점도 의미 있게 평가되고 있다. 무엇보다 올림픽의 정식 종목이 되었다는 것은 브레이킹이 전문성을 입증 받았다는 의미이며, 이를 통해 브레이킹의 위상이 지금보다 높아지고, 실질적으로 비보이와 비걸들이 더 활발한 활동을 할 수 있을 것으로 기대된다.

올림픽에서 브레이킹이 어떤 방식으로 운영될지는 아직 확정되지 않았다. 남자 개인전, 여자 개인전이 있을 예정이며, 단체전은 논의 중이다. 2018 유스 올림픽에서는 개인전은 일대일 배틀 형식으로 30~50초간 2~3라운드, 단체전은 8명이 한 팀을 이뤄서 경기를 진행했다. 채점 기준은 기술의 난이도, 완성도, 창의성을 심사했다. 피겨스케이팅처럼 심사위원이 기술과 예술성을 평가하는 방식과 유사하다고 볼 수 있다.

하지만 춤과 관련된 대부분의 스포츠는 공정하고 객관적인 평가 가능 여부가 언제나 이슈가 된다. 특히 브레이킹은 자유와 즐거움을 추구하는 성격이 강하기 때문에, 이를 정해진 규칙에 맞춰 점수로 승패를 가른다는 것이 어울리지 않다는 의견도 있다. 이에 대해 크레이지 레그는 CNN과의 인터뷰[45]에서 올림픽 기술 심사에 세심한 주의를 기울이는 동시에 개별적인 스타일이 빛날 수 있도록 여지를 두는 것이 중요함을 강조했다. 그는 심사위원이 움직임의 난이도와 개인의 기량, 캐릭터, 그리고 음악과 춤의 조화와 같은 점을 놓치지 않을 것이라 기대했다.

한편, 일부에서는 객관적인 기술보다 표현력과 창의성과 같이 주관적인 채점 기준의 비중이 높은 경우, 판정 시비가 생길 가능성이 높다는 우려도 있다. 특히 예술 점수가 주관적이라는 것이 논란이 될 것이라는 염려가 크다. 2014년 소치올림픽 당시 김연아 선수가 불공정한 심사로 은메달을 받은 것이 주관적 평가의 대표적인 예다. 그렇기에 움직임을 평가하는 브레이킹 역시 심사의 공정성 논란이 사그라들기는 쉽지 않을 것으로 보인다.

또한 높은 점수를 얻기 위해 고난이도의 기술에만 치중하는 현상이 생길 것을 걱정하는 이들도 있다. 앞서 언급한 것처럼, 이런 염려는 브레이킹 문화가 거대 스포츠 산업에 종속되어 그 진정성과 본질이 뒤틀릴 것이라는 생각에 근거를 두고 있다. 브레이킹을 점수로 수치화할 경

---

45   <Richard 'Crazy Legs' Colon on breakdancing at the 2024 Summer Olympics> by CNN
     (20.12.08), $

우, 자율성이나 독창성과 같은 브레이킹의 독특한 성격보다 기술적 어려움이 더 많은 점수를 얻게 되는 상황은 분명히 문제가 될 수 있기에, 일명 정통파 브레이커들이 특히 이 부분을 우려하고 있다. 이를 예방하기 위해서는 브레이킹의 발전에 이바지한 저명한 브레이커들이 IOC 및 세계 댄스 스포츠 연맹과 협력하여 브레이킹의 정신이 올림픽에서도 드러날 수 있도록 노력해야 할 필요가 있다.

2021년 현재, 올림픽 정식 종목으로서의 브레이킹은 세계 댄스스포츠 연맹World DanceSport Federation이 관리하고 있다. 브레이킹이 올림픽 정식종목으로 채택할 당시 세계 브레이킹 연맹이 없었기 때문에, IOC가 세계 댄스스포츠 연맹이 이를 담당하도록 했기 때문이다. 역사상 최초의 올림픽 브레이킹 경기를 위해 연맹은 자체적으로 웹사이트를 제작하고, 브레이킹 커뮤니티에 참여하려 했지만 쉽지 않았다. 거의 모든 실무가 베테랑 비보이와 비걸 없이는 불가능했기 때문이다. 이에 연맹은 크로스 원, 스톰과 같은 저명한 비보이에게 결정 권한을 부여하고, 브레이킹에서 큰 영향력을 가지고 있는 비걸 제스킬즈Jeskillz, 에이티AT, 나루미Narumi를 포함하여, 전설적인 비보이 크레이지 레그, 카츠Katsu, 레니게이드Renegade, 라민Lamine, 무니어Mounir, 모이Moy에게 심사를, 스톰은 심사위원장을 맡겼다.[46] 앞으로 향후 몇 년 동안은 이러한 체제가 쉽사리 변하지 않을 것으로 예상된다.

브레이킹이 정식 종목으로 채택되기는 했지만, 아직 실제로 올림픽을 경험해보지는 못했기에 과정을 준비하여 성공적으로 대회를 운영하기 위해서는 많은 고민이 필요하다. 지금은 대회 경험 있는 조직과 비보이와 비걸이 주축이 되어 있지만, 올림픽 경험이 더 쌓이면 독자적으로 충분히 더 큰 경기를 운영할 수 있는 능력을 갖출 수 있을 것으로 기대한다.

---

46   Breaking for Gold website. <https://www.breakingforgold.com/> <2020.08.11. 검색>

브레이킹이 문화 예술 분야에서 확고한 입지를 세웠음은 명백하다. 그렇기에 이제는 더 많은 사람들이 브레이킹을 즐길 수 있도록 공연 예술, 스포츠, 교육 등의 영역에 어떻게 브레이킹을 전하고 정착시킬 수 있을지를 구체적으로 논의해야할 때이다. 최근 올림픽 정식 종목 채택의 영향으로 비보이와 비걸이 중심이 되어 큰 규모의 브레이킹 조직이 생겨나기 시작했다. 그동안 자유와 다양성을 지향하는 브레이킹의 특징으로 인해 브레이킹 관련자들을 보호하고 관리하기 위한 기구가 설립된 적은 없었다는 것을 생각해보면, 이를 계기로 브레이킹 조직이 설립되고 있다는 것은 반가운 소식이 아닐 수 없다. 앞으로 이 흐름이 계속 이어져서 통합된 브레이킹 조직이 갖춰지고, 비보이와 비걸을 위한 여러 제도와 다양한 방향성이 논의될 수 있게 되기를 희망한다. 그리고 궁극적으로는 많은 비보이와 비걸이 꿈꾸는 미래를 만들어 갈 수 있게 되기를 바란다.

70년대 브롱스에서 지금까지, 브레이킹은 진심으로 브레이킹을 사랑하는 이들에 의해 계속 새로워지고 있다.

브레이킹을 말하다

JUST BREAKING

02

1.
브레이킹이 뭐야?

"브레이킹Breaking이 뭐죠?"라는 질문에 쉽게 대답기는 어렵다. 단순히 물구나무를 서거나 곡예와 같은 움직임을 표현하는 춤이라고 하기엔 브레이킹의 가치와 문화를 설명할 수 없게 되고, 확실하게 설명하기 위해 전문적이거나 학술적 용어를 사용하다보면 오히려 더 이해가 어려워진다. 브레이킹을 쉽고 확실하게 이해하기 위한 정의는 없을까?

브레이킹은 서서 춤을 추다가 바닥으로 내려가서 풋워크footwork, 프리즈freeze, 스핀spin 등의 동작을 활용하여 추는 춤으로, 주로 브레이크비트break beat 혹은 드럼비트가 두드러지는 펑크나 힙합음악을 사용하는 장르이다.

브레이킹은 1970년대 미국 뉴욕의 사우스 브롱스를 중심으로 시작된 힙합 문화 운동의 주역이다. 하지만 힙합이 곧 브레이킹이라거나 브레이킹이 곧 힙합이라는 식으로 이해하는 것은 곤란하다. 힙합은 브레이킹 외에도 많은 요소를 내포하고 있으며, 브레이킹 역시 힙합뿐만 아니라 다른 영역과도 접점이 있기 때문이다.

브레이킹을 바로 이해하기 위해서는 우리나라뿐만 아니라 전 세계적으로 알려진 오해를 바로잡아야한다. 바로 '브레이크 댄스'라는 용어이다. 브레이크 댄스라는 용어는 브레이킹과 비슷하게 보이지만, 사실전혀 다른 환경과 목적에 의해 만들어진 이름이다.

80년대 미국 미디어들은 새롭게 탄생한 힙합 문화를 집중 보도했는데, 브레이크 비트에 맞춰서 역동적이고 화려하게 춤추는 모습을 '브레이크 댄스'라는 이름으로 대중에게 소개했다. 미디어를 통해 비보이와 비걸의 모습이 전파되기 시작했고, 이것이 세계적으로 유명해지면서 우리나라에도 브레이크 댄스라는 용어가 소개되어 사용되기 시작했다.

한편, 미디어가 힙합 문화에 관심을 두던 시기, 학계에서도 이에 대한 연구가 이루어졌다. 무용연구가 샐리 베인스Sally Banes는 자신의 연구에서 비보이들이 스스로의 춤을 브레이킹, 록킹rocking, 비보잉b-boying이라 부른다고[47] 말하며, 이는 비보이와 비걸들이 브레이킹을 단지 춤이라고만 인식하고 있지 않았음을 보여준다고 설명했다.[48] 이처럼 바깥에서 브레이킹을 바라본 미디어는 비보이의 '행위'에 집중한 반면, 실제 브레이킹을 하는 이들은 이를 종합적 형태의 예술 혹은 문화로 인식하고 있음을 알 수 있다.

이와 관련해 80년대 미디어의 집중 조명을 받은 록 스테디 크루의 멤버인 비보이 크레이지 레그는 브레이크 댄스라는 단편화된 이름이 알려지기 전에 용어를 바로잡았어야 했다는 아쉬움을 토로하기도 했다. 이어 그는 문화적 이해가 결여된, 즉 상업적 목적에 의해 만들어진 잘못된 용어 사용은 브레이킹의 정체성을 약하게 만들 수 있기 때문에, 브레이킹이라는 용어를 사용하자고 강조했다.

많은 비보이와 비걸, 힙합 연구가들 역시 본래 이름인 브레이킹을 사용하는 것이 옳다고 생각하며 이에 동의한다. 이름은 정체성에 있어 매우 중요한 부분이다. 따라서 바른 명칭을 사용해야 브레이킹이 가진 문화적 맥락 등을 모두 표현할 수 있다.

그렇다면 '브레이킹'은 어떤 것을 담고 있는지 알아보자. 브레이킹은 무슨 뜻일까? 이를 이해하기 위해서는 브레이킹의 태동, 그리고 당시 미국 문화를 살펴봐야 한다.

브레이킹은 디제이의 음악과 관련이 깊다. 브레이킹은 디제이가 플레이하는 브레이크 비트에 춤추는 것에서 유래했기 때문이다. 앞서 설명했던 역사를 간략하게 다시 요약하면, 1970년대 사우스 브롱스에서는 브레이크 비트만을 기다렸다가 춤을 추는 사람들이 있었고, 이를 위

---

47   Banes(1994), p.127
48   브레이킹은 용어가 확립되기 전까지 '버닝(burning), '플로어 록킨/다운 록킨(floor rockin'/down rockin')', '고 오프/고잉 오프(go off/going off)', '보요잉(boyoing)'등 과 혼용되어 사용되었다.

해 디제이 쿨 헉과 그랜드 마스터 플래쉬가 브레이크 비트를 지속시키는 테크닉을 고안했다. 이를 통해 사람들이 춤의 리듬과 흐름을 길게 유지할 수 있었고, 이는 결과적으로 브레이킹 발전에 영향을 주었다. 이처럼 브레이킹은 디제이가 플레이하는 '브레이크 비트에서 추는 춤'을 의미하는 용어라고 볼 수 있다.

그런데 힙합의 아버지라 여겨지는 디제이 쿨 헉은 한 인터뷰에서 브레이킹이라는 용어의 다른 의미를 말하기도 했다. 그는 레코드의 브레이크 구간[49] 때문에 브레이킹[50]이라 한 것이 아니라, 한 사람이 '끝장'을 보는 경지breaking point까지 도달하는 모습에서 '저 사람은 브레이킹을 하고있다!'고 표현한 것에서 이 용어가 사용된 것이라고 말한다.[51] 그랜드 마스터 카즈Grand Master Caz 역시 그 당시의 파티를 회상하며 "Everybody would 'go off'"라고 말했다.[52] 여기서 'go off'는 1970년대 미국 내에서 "끝내준다, 터졌다"는 의미를 가졌던 속어로, 쿨 헉이 말한 브레이킹의 의미와 비슷하다는 것을 알 수 있다.

위를 종합해보면, 브레이킹은 오늘날 브레이크 비트에서 유래된 춤을 표현하는 말인 동시에 춤의 어떤 경지에 도달한, '끝내준다'는 감탄사를 담은 이름이라 할 수 있다.

자, 이제 위에 내용을 참고하면서 비보이와 비걸의 춤사위를 감상하던 우리를 떠올려보자. 우리도 감탄하며 그들의 움직임을 보지 않았는가? 그것이 바로 브레이킹이다.

---

49 노래에서 가사가 없이 드럼이나 봉고와 같은 타악기 소리만 지속되면서 리듬이 강조되는 부분
50 브레이킨(Breakin')이란 브레이크 비트가 지속되는 부분을 의미하는 구어적 표현(슬랭)이다. 시간이 흘러 구어적 표현이 문자화 되면서 표준 문법에 의해 '브레이킹(Breaking)'으로 변화되었다.
51 Youtube, Kool Herc and B-Boys. <2020.07.29.검색, 해석: benny ben>
52 Youtube, Kool Herc and B-Boys. <2020.07.29.검색, 해석: benny ben>

비보이/비걸/브레이커

최초로 브레이크 비트를 확장한 디제이 쿨 헉은 '비보이B-boy'라는 용어를 최초로 사용한 사람이기도 하다. 그가 블록파티에서 브레이크 구간만을 기다리며 사이퍼 중앙으로 달려들 준비를 하는 소년들을 보고 '비보이'라고 칭한 것이 그 유래라고 한다.[53] 이후 소녀들 역시 참여하게 되면서 '비걸B-girl'이라는 용어도 함께 사용하기 시작했다. 비보이와 비걸에서의 B에 대한 의미에 대한 해석은 다양하다. 브레이크Break, 비트Beat, 브롱스Bronx, 부기Boogie 등 B로 시작하는 단어가 다양한 브레이킹 문화의 특징 때문에 이에 대한 다양한 의견이 있지만, 쿨 헉 본인은 브레이크 보이Break-boy라는 의미로 불렀다고 한다.

많은 선구자격 비보이들은 비보이와 비걸이라는 이름에는 단순히 춤을 추는 사람이라는 의미 이상의 의미, 즉 그들의 라이프스타일까지 담겨있다고 말한다. 실제로 그들은 스스로를 '브레이킹 댄서'라고 단정짓지 않는다. 그들은 단지 춤만 추는 것이 아니라 복잡하고 미묘한, 눈으로 관찰할 수 없는 가치를 표현하고 있으며, 브레이킹을 모방해서 움직임을 획득하려는 시도보다 기존 브레이킹 문화를 이해하고 존중하려는 태도를 가지고 있기 때문이다. 이는 일반적인 댄서와는 확연히 구분되는 특징이다. 또한 그들은 춤을 출 때 플레이버flava와 피네스finesse를 가지려는 독특한 태도를 취한다.[54] 따라서 브레이킹을 하는 사람을 비보이, 비걸, 혹은 젠더 중립적인 용어인 브레이커로 칭하는 것이 바람직하다.

한편, 많은 사람들은 비보이와 비보잉B-boying을 혼용하기도 하는데, 비보잉이란 브레이킹의 동의어로 비보이들이 추는 춤을 의미한다. 비걸링이라는 용어도 있지만, 비걸의 수가 비보이에 비해 적기 때문에 이 용어는 보편적으로 사용되지 않는다. 이런 맥락에서 비걸 역시 비보잉이 자신들의 춤을 일컫는 표현이라는 데 동의하는 편이지만, 비보잉이라는 용어가 공식적으로 사용되는 것에 대한 우려 또한 존재한다. 그래서 오늘날에는 브레이킹을 더 많이 사용하는 추세이다.

---

53   Darby Wheeler(2016). Hip-Hop Evolution. season1-1 "The Foundation". Film. by Netflix 2016
54   Driver(2001). p.231

2.
브레이킹이 가진 특징들

브레이킹은 문화, 예술, 스포츠 영역에 걸쳐있기에 그 성격이 복합적이다. 초기 청소년들이 자생적으로 이룬 힙합 문화가 대중에게 예술로 인정받게 되고, 80년대를 기점으로 유행처럼 번져나갔으며, 이제는 놀이였던 배틀이 스포츠가 되었다. 이처럼 브레이킹은 역사적으로 다양한 변화를 겪어왔고, 여러 가지 모습으로 인식되어왔다. 그렇기에 브레이킹을 좀 더 깊기 이해하기 위해서는 브레이킹이 가진 특징을 먼저 알아야 한다.

자유성

브레이킹의 가장 두드러진 특징은 자유성이라 할 수 있다. 브레이킹은 틀에 얽매이지 않은 자유로운 움직임을 기반으로 창조하고 시도하는 것을 즐기고 뽐낸다. 누군가의 승인을 받거나, 승인을 받아야 한다고 강제하지 않는다. 또한 자신의 자유성이 존중받는 만큼 타인의 자유성 역시 인정하고 존중하는 것을 중요하게 생각한다. 이러한 자유로움은 정신적인 측면에서 더욱 강하게 작용하며 창작성으로 연결된다.

더불어 자유성은 브레이킹이 제도화 될 수 없음을 의미하기도 한다. 오늘날 스트릿 댄스 분야에 자본이 유입되면서 브레이킹 역시 이 흐름 위에서 제도화 되고 있지만, 기본적으로 자유를 소중히 여기는 브레이킹은 자본의 논리에 의해 단편적으로 인식되는 것을 거부한다. 이런 특징을 기반으로 브레이킹은 지금도 독자적으로 자유롭게 다양한 분야를 넘나들며 성장하고 있다.

즉흥성

브레이킹은 즉흥적이다. 브레이킹은 디제이가 주관하는 파티에서 예상하지 못한 음악에 맞춰 춤을 즐기면서 시작되었다. 태생부터 사전에 준비된 음악에 연습한 안무를 붙이는 것이 아니었고, 짜여진 공연을 위한 춤도 아니었다. 파티 중간에 즉석에서 춤판이 벌어지고, 거기에 비보이와 비걸들이 즉흥적으로 참여하며 개인기량을 뽐내던 것이 브레이킹의 시작이다.

　이러한 특징은 브레이킹 배틀에서 잘 드러난다. 배틀에 사용하는 음악은 디제이가 임의로 선택한다. 이처럼 브레이킹은 음악에 맞춘 즉흥적인 움직임을 선보이며 예상하지 못한 결과물을 만들어낸다.

독창성

자신을 얼마나 독창적이고 창의적으로 표현하는지는 브레이킹에서 중요한 요소이다. 그렇기에 타인의 움직임을 그대로 모방하거나 자신만의 독창성이 결여된 움직임은 좋지 못한 평가를 받는다. 독창성을 유지하고 발전시키기 위해 비보이와 비걸들에게는 창작을 위해 고뇌하는 시간과 자신의 역량을 확인하며 한계를 뛰어넘기 위한 훈련이 필수적이다. 이런 과정을 통해 나오는 역동적인 움직임은 고된 훈련과 창의적인 생각의 결과물이다. 브레이커들의 예술성은 바로 여기서 기인한다.

　초창기 비보이와 비걸들은 고유성identity과 실제성reality을 중요하게 생각했다. 그들은 어디서나 자신의 정체성이 변치 않아야 한다고 생각했고, 어디서나 있는 그대로의 자신이 드러나야 한다고 생각했다. 그렇기 때문에 남과 다른 나의 모습을 보여주는 것이 브레이킹 문화에서는 당연한 것으로 여겨졌다.

역동성

브레이킹의 동작은 매우 역동적이다. 브레이킹은 주로 드럼 비트나 펑크에 맞춰 춤을 추는데, 이러한 음악들은 리듬이 강하고 힘찬 타악기 소리가 기반이 된다는 공통적인 성격을 보인다. 이런 음악으로 인해 브레이킹이 역동적이고 화려하게 보이는 것은 어쩌면 당연한 것일지도 모른다. 곡예적인 동작과 에너지가 넘치는 움직임로 구성된 브레이킹의 경우 춤을 추는 사람은 물론이고, 보는 사람들까지 열광하게 만든다. 특히 음악에 맞춰서 순간적으로 한 손으로 물구나무를 서거나 빠르게 회전하는 고난도의 동작은 여느 춤에서 찾아보기 어려운 브레이킹만의 독특한 모습이기에 대중에게 더욱 강렬한 인상을 남기기에 충분한 요인이라 할 수 있다. 이런 역동성은 배틀에서 더욱 강하게 느낄 수 있다. 역동성은 브레이킹을 모르는 사람일지라도 이에 환호하게 만드는 강력한 무기이며, 브레이킹이 지금과 같은 인기를 누릴 수 있게 만든 일등공신이라 하여도 과언이 아니다.

일상성

브레이킹 댄서들의 움직임을 자세히 살펴보면 일상적인 제스처들을 자주 발견할 수 있다. 태초의 브레이킹은 춤의 무대와 일상적인 공간을 분리하지 않은 채 시작되었기 때문이다. 브레이킹 댄서들의 옷차림에서도 알 수 있듯이 그들은 언제라도 춤을 출 수 있는 자세를 지니고 있다. 그리고 이들은 춤과 삶을 동일시하는 특징을 지닌다.

브레이킹 댄서들은 대부분 또래 친구들과 어울리는 문화에서 춤을 경험한다. 일반적으로 비보이와 비걸들은 청소년기에 브레이킹을 접하는데, 이 시기에는 춤을 배우기 위해 전문적인 교육기관을 방문하기 보다는 동네에서 혹은 학교에서 동료집단을 이루며 습득한다. 브레이킹 입문기의 청소년들은 문화 집단 내에서 공유하는 움직임을 음악에 맞춰 표현하고 보다 과장되게 묘사하며 그들만의 새로운 동작을 개발하기도 한다. 이처럼 브레이킹은 삶 속의 자연스러운 모습이 스며들며 시대의 흐름에 따라 새로운 움직임을 수용하고 반영한다. 그리고 그들은 무대가 아니더라도 학교나 공원, 놀이터, 클럽 등 다양한 일상적인 공간에서 즐기며 목적성에 따라 그들의 위치를 변화시킨다.

오락성(놀이성)

브레이킹에서 오락성(놀이성)은 중요한 특징 중 하나이다. 브레이킹은 화려하고 기예적인 동작으로 유명하지만, 고난도 동작만으로 구성되어 있지는 않다. 고난도의 동작뿐만 아니라 일반인들도 쉽게 즐길 수 있고 음악에 맞춰 간단하게 표현하는 유희적인 동작까지 다양하게 존재한다.

또한 미국에서 브레이킹은 어릴 때부터 친구들과 춤을 추고 어울리는 놀이문화 중 하나이다.[55] 브레이킹이 종주국인 미국 청소년들의 놀이문화에서 유래했다는 점을 생각해보면, 브레이킹의 가장 매력적인 특징은 역동적이고 독창적인 움직임을 서로 선보이고 관찰하며 그 순간의 긴장과 분위기를 즐기는 것에 있다고도 말할 수 있다.

흡수성(수용성)

브레이킹은 시대에 따라 계속해서 진화해왔다. 튼튼한 기본 위에 시대의 변화에 맞춰 새롭게 발생하는 문화의 모습들을 흡수하며 성장해온 것이다. 최초의 브레이킹 동작의 대부분은 이전의 춤으로부터 영향을 받아 탄생하였다. 이후 춤뿐만 아니라 무술이나 체조, 일상적인 제스처, 마임 등 다양한 분야에서 영감을 받아 지금의 브레이킹이 되었다.[56]

이러한 수용적인 태도는 독창성을 중요시 생각하는 브레이킹의 특징과도 연결된다. 각자가 좋아하는 음악이나 영화배우, 타 장르의 춤 등을 수용하면서 새로움을 모색하며 개인적인 발전을 이루어낸 것이다. 이는 결과적으로 브레이킹이 다양성을 존중하는 문화로서 성장하게 된 긍정적인 역할을 가져왔다고 할 수 있다.

---

55 김효근(2006), p.28
56 Israel(2002). The Freshest Kids: A History of the B-Boy. DVD

3.
브레이킹 동작을
구성하는 요소들

브레이킹 무브의 7대 요소

브레이킹 무브의 7대 요소는 브레이커에게서 자주 나타나는 동작을 선별한 후 그 특성에 따라 7가지 무브move로 구분한 것이다. 이는 지금까지의 분류법 보다 세분화한 구분법이다. (여기서 파생되거나 변형된 특수한 동작도 있으나, 여기서는 설명하지 않는다.)

일러두기

동작의 형태를 설명하기 위해 사용하는 정의나 용어는 아직 공식적으로 정해지지 않았다. 따라서 이후 설명에서 사용하는 정의와 용어는 동작을 눈으로 식별할 수 있도록 하기 위함을 목적으로 하는 것이며, 이 정의와 용어가 공식적으로 대표성을 가지지 않는다. 브레이킹을 설명하는 통일된 용어를 선택하고 만들기 위해서는 더 많은 연구가 필요하다.

1. 스탠딩 무브 (Standing Move)

스탠딩 무브는 탑락Top Rock과 그 외의 것으로 나눌 수 있다. 탑락은 서서 움직이는 동작을 브레이커의 취향에 따라 재창조한 움직임을 말한다. 몸의 각도, 움직이는 잔상, 힘의 강약 조절, 패턴 등 다양한 세부적 특징에 의해 동작이 구체화 되는데, 이 과정에서 개인적 특성과 고유성이 나타나게 된다. 잘 만들어진 탑락은 브레이커의 고유성을 담게 되는데, 자신만의 고유한 탑락을 가지는 것은 브레이커에게 명예로운 일이다.

▼ 탑락(Top Rock)

2. 다운 무브 (Down Move)

바닥에 엎드리거나 누워서 춤을 추는 동작을 다운 무브라고 한다. 다른 분야에서는 엎드리거나 누운 상태를 유지한 채 춤을 추는 경우가 없기 때문에, 다운 무브는 브레이킹의 대표적 특징이라고 할 수 있다. 다운 무브는 풋워크Footwork와 플로어 락Floor Rock으로 구분할 수 있는데, 지역에 따라 풋워크가 플로어 락에 포함되는 것으로 인식하는 경우가 있어 그 구분이 명확하지 않은 경우도 있다. 그러나 최근에는 풋워크를 바닥에 손을 짚고 엎드린 상태에서 춤을 추는 형태로, 플로어 락을 바닥에 누워서 춤을 추는 형태로 구분하는 추세이다. 또, 숄더 롤Shoulder-Roll이나 밸리 롤Belly-Roll과 같이 '락'이라는 말이 붙여진 움직임도 있는데, 이를 모두 플로어 스킬Floor Skill이라고 생각한다면 다운 무브를 조금 더 쉽게 이해할 수 있다.

▶
풋워크 스텝 중 하나인 크레이지
코만도스 스텝(CC's Step)의 모습

LITTLE SHAO

◀
트랙 무브 중 하나인 에어 트랙

3. 파워 무브 (Power Move)

파워 무브란 다리가 지면에 닿지 않은 채로 움직이는 동작, 주로 회전하
는 동작을 말한다. 이는 대체로 서커스나 체조 등 다양한 신체 활동을
모방하여 만들어졌는데, 윈드밀Windmill, 헤드 스핀Head Spin, 크리켓Cricket
과 같은 동작이 여기 포함된다. 회전은 3가지 유형으로 분류할 수 있다.
지면과 닿은 신체를 중심으로 하여 고정된 자세로 회전하는 스핀 무브
Spin Move, 손을 번갈아 짚으며 몸을 수평으로 회전시키는 서클 무브Circle
Move, 몸을 수평으로 회전시키는 것과 척추를 중심으로 회전시키는 것이
한 바퀴 내에 모두 이루어지는 트랙 무브Track Move이다. 과거에는 한 가지
회전을 강력하게 반복하는 것이 주류였으나 현재는 다른 회전과 연결
combination을 하거나 상체 또는 하체의 형태를 변형variation하면서 부드럽
게 회전하는 등 다양한 방법을 응용하여 선보이는 추세이다.

▲
서클 무브 중 하나인
크리켓의 모습

▶
스핀 무브 중 하나인
헤드 스핀의 모습

59

4. 프리즈 무브 (Freeze Move)

움직임을 멈춰 마치 얼어있는 것처럼 보이게 하는 동작을 프리즈 무브라고 한다. 이 표현 역시 다운 무브나 파워 무브와 같이 오랜시간 사용해온 용어이다. 프리즈 무브는 말 그대로 몸의 움직임을 멈추는 것이 특징이며, 눕거나 앉는 등 다양한 형태가 존재한다. 이 책에서는 '드릴(하체) 스타일 엘보(상체) 프리즈'와 같이 몸을 지탱하는 부위와 스타일에 따른 명칭을 사용하고 있지만, 실제 사람들이 사용하는 명칭은 사람마다 다르다. 그렇지만 '베이비 프리즈'와 같이 고유한 이름으로 불리는 프리즈도 있다.

한편, 포즈pause와 프리즈는 동작을 멈춘다는 측면에서는 유사하지만, 실제로는 매우 다르다. 포즈는 신체를 훈련하지 않은 사람이라도 보고 간단히 따라 할 수 있을 정도로 단순한 반면, 프리즈는 멈춰있는 형태 유지를 위한 유연성과 힘이 반드시 필요하다. 때문에 프리즈를 하기 위해서는 신체 능력뿐만 아니라 숙련도 역시 중요하다.

▼
플래그 스타일 에어 프리즈

형태에 따른 스타일 구분

몸을 지탱하는 팔과 같은 다리의 무릎을 접은 형태 - 엘 킥(L-Kick) 스타일

몸을 접어 두 다리를 머리 쪽으로 위치한 형태 - 브이킥(V-Kick) 스타일

브이킥 스타일에서 두 다리 사이에 손을 뻗은 형태 - 파이크(Pike) 스타일

두 다리가 꼬인 채 쭉 뻗은 형태 - 드릴(Drill) 스타일

두 다리가 꼬이지 않고 나란히 쭉 뻗은 형태 - 더블 레그(Double Leg) 스타일

다리를 모아 대각선 방향으로 뻗은 형태 - 플레그(Flag) 스타일

몸을 지탱하는 신체 부위에 따른 유형

팔을 완전히 펼친 형태의 프리즈 무브 - 에어(Air) 프리즈 무브

팔꿈치가 구부러져 지면에 닿은 형태의 프리즈 무브 - 엘보(Elbow) 프리즈 무브

팔꿈치가 갈비뼈를 받치는 형태의 프리즈 무브 - 체어(Chair) 프리즈 무브

어깨가 몸을 받치는 형태의 프리즈 무브 - 숄더(Shoulder) 프리즈 무브

-상체나 하체 형태로는 구분할 수 없는 복합적인 프리즈 무브-고유 명사로 불린다.

▶
고유한 이름을 가진
'베이비 프리즈'

5. 스턴트 스타일 무브 Stunt Style Move

브레이커는 자신의 용맹함을 증명하기 위하여 몸을 던지는 등의 위험하게 보이는 동작을 보여주기도 하는데, 그 동작의 집합을 스턴트 스타일 무브라고 한다. 스턴트 스타일 무브는 점프 동작인 텀블링 무브Tumbling Move와 끝내주는 '깡'을 구현하는 수어사이드 무브Suicide Move로 구분할 수 있는데 대부분 무술, 체조 등 다양한 분야에서 도입되어 재창조되었다. 이는 분명 강력한 인상을 남기지만 힘들고 위험한 부분이 있어 신체 조건이 상대적으로 좋은 시기에 집중적으로 사용하는 편이다. 과거에는 스턴트 스타일 무브를 위한 기술적인 문제를 정신력과 신체 능력으로 해결하는 경우가 대부분이었기에, 이 움직임을 자유자재로 사용하는 브레이커는 매우 희귀했다. 그러나 최근에는 기술의 발전 등으로 인해 부상 위험이 줄어 이를 어렵지 않게 볼 수 있고, 이를 구사하는 이들이 많아지면서 화려하거나 아찔한 움직임의 형태도 다양해져 많은 볼거리가 생겼다.

6. 플렉시블 스타일 무브 (Flexible Style Move)

신체의 길이나 유연함을 활용하는 움직임의 집합을 플렉시블 무브라고 한다. 플렉시블 무브는 유연성이 중요하기 때문에 신체 능력에 따른 역량에서 차이가 크게 나타난다. 개인의 유연성만큼 구사할 수 있는 동작이 많아지고, 이런 동작이 많아질수록 브레이커의 특징이 드러나게 된다. 플렉시블 무브는 이 책에서 소개하는 모든 무브에서 관절을 접거나 굽히는 것을 추가하는 방식으로 나타나며, 신체와 신체 사이, 플로어와 신체 사이에 존재하는 공간 활용 능력도 플렉시블 스타일 무브의 핵심이 된다. 그래서 창의력과 신체 능력이 높을 경우 플렉시블 스타일 무브의 가치는 무궁무진하게 올라간다.

▼
플렉시블 스타일 무브와
프리즈 무브가 융합된 예

7. 트랜지션 무브 (Transition Move)

'스탠딩 무브에서 다운 무브, 다운 무브에서 파워 무브로'

　기본적으로 브레이킹은 서있다가 앉고, 누워있다가 물구나무 서는 등 자세를 계속 바꾸면서 추는 춤이다. 이렇게 다양한 자세를 사용하기 위해서는 자세들 사이의 연결을 위한 움직임이 필요한데, 이 연결 동작을 트랜지션 무브라고 한다. 전통적으로 스탠딩 무브에서 다운 무브로 내려가는 것을 고 다운Go-Down, 거꾸로 올라가는 것을 고 업Go-Up이라고 한다. 정형화된 고 다운 동작 중에는 니 드롭Knee Drop이 대표적이다. 트랜지션 무브라는 말은 과거에도 존재하였지만 이를 중요하게 여긴 사람은 많지 않았다. 연결을 위한 동작의 종류가 적었고, 여러 가지의 무브를 연결하는 것보다는 새로운 움직임을 찾거나 하나의 무브를 다채롭게 쓰는 것이 유행이었기 때문이다. 하지만 점차 시간이 흐르며 각 무브가 발전하고 동작의 종류가 많아지게 되면서 트랜지션 무브의 중요성이 부각되었고, 이에 트랜지션 무브가 자연스럽게 발달하기 시작했다. 이제는 움직임을 전환하려는 목적이 있는 모든 동작을 트랜지션 무브로 구분하고 있으며, 새로운 움직임들이 계속 만들어지고 있다. 때문에 예술성을 중요시 하는 브레이커들은 이 트랜지션 무브에 많은 노력을 기울인다.

◀
전통적인 트랜지션 무브 중 하나인
니 드롭(Knee Drop)

4.
여러 종류의 배틀 방식들

브레이킹은 '재미'를 추구하는 성향이 매우 강하다. 이런 특징으로 인해 브레이킹 배틀은 그 종류가 매우 많다. 즉, 즐길거리가 많다는 것이다. 하지만 브레이킹 문화를 모르는 경우 배틀 방식을 이해할 수 없기 때문에 보는 사람 입장에서는 재미를 느끼지 못하는 경우가 많다. 때문에 브레이킹을 더욱 재미있게 보기 위해, 자주 볼 수 있는 배틀 방식을 몇 가지 소개하고자 한다.

1. 솔로 배틀 또는 1 VS 1 배틀

한 명이 한 명을 상대로 경쟁하는 것을 일컫는 말이다. 배틀은 서로 배틀을 할 공간의 양 끝에서 서서 마주 보며 시작한다. 전통적인 배틀에서는 누가 먼저 시작할지에 대해서 정하지 않고 시간제한도 없다. 그래서 초반 신경전이 매우 길고 팽팽하다. 하지만 이 과정을 지켜보는 것 자체가 바로 전통적인 배틀의 재미 요소이다. 반면, 대회에서는 시간이 지체되지 않도록 하기 위해 물병이나 마이크를 돌려 순서를 정하는 것이 일반적이다. 특히, 올림픽과 같은 대규모 대회에서는 먼저 시작하는 쪽을 정해 놓고 진행한다.

　　과거 솔로 배틀은 서브 이벤트 정도로 작게 열리는 경우가 대부분이었지만, 현재는 Red bull BC One과 같은 세계적 규모의 솔로 배틀 대회가 매년 열리고 있다. 솔로 배틀의 우승자에게는 큰 명예가 따르기 때문에 앞으로는 솔로 배틀이 크게 주목받을 가능성이 높다.

▼
1:1 배틀 중 모습이다. 사진과 같이 둘만의 공간에서 배틀이 진행된다.

2. 크루(crew) 배틀 또는 팀(team) 배틀

크루와 팀은 그 의미가 같은 말로, 두 명 이상의 사람이 한 크루를 이루어 대결하는 방식이다. 2 VS 2, 5 VS 5 등 배틀에 참여하는 인원에 따라 다양하게 표기된다. 과거 브레이킹은 팀이라는 말보다 크루라는 말을 주로 사용하였기 때문에, 지금도 크루 배틀이라고 소개되는 경우가 많다. 크루 배틀 역시 전통적인 배틀 방식으로 솔로 방식에서 설명한 것과 같이 마주 보는 상태에서 시작한다. 솔로 배틀과 다른 점은 배틀에 참여하는 이가 여럿이기 때문에 시간제한이 있다는 점, 그리고 단체가 만들어내는 루틴routine이라는 춤을 볼 수 있다는 점이다. 시간제한은 솔로와 마찬가지로 대회 시간을 맞추기 위해 생겨났다. 루틴은 크루가 합을 맞춰 선보이는 동작으로, 결속력을 보여주는 춤이라 할 수 있다. 크루의 자존심이 걸린 만큼 여기서 선보이는 루틴들은 매우 창의적이거나 극적인 동작이 많기 때문에, 크루 배틀의 묘미는 바로 이 루틴을 보는 재미라고도 할 수 있다. 하지만 지나치게 긴 루틴을 이용하여 상대 크루의 시간을 줄이거나, 루틴으로 시작해서 루틴으로 끝나는 등 루틴의 남용이 심해지는 문제점도 생겼다. 이러한 문제는 크루 배틀의 본질을 훼손하는 일이라는 여론이 모아지게 되었고, 대회에서 루틴 사용 횟수를 제한하고 시간과 관계없이 양쪽에게 동일한 기회를 부여하는 등 여러가지 규칙들이 생겨났다.

▶
크루 배틀에서만 볼 수 있는
'루틴'

3. 믹시드(Mixed) 배틀

믹시드 배틀은 2000년 초반 우리나라에서도 유행했던 적이 있는 이벤트로, 전통적으로는 예선에서 솔로 배틀이나 오디션을 통해 본선 진출자를 선발하고, 이렇게 선발된 브레이커들을 추첨을 통해 팀으로 묶어 배틀을 하는 방식이다. 대회마다 믹시드 배틀의 규칙이 다를 수 있는데, 매 배틀마다 팀을 새롭게 구성하거나 다양한 성별로 팀을 구성하는 등 쉽게 볼 수 없는 구성과 규정으로 진행하는 경우가 많다. 그래서 믹시드 배틀은 승부보다 브레이커 간의 어울림을 목적으로 진행되는 경우가 많다.

4. 세븐 투 스모크 배틀 (7 to Smoke Battle)

세븐 투 스모크 배틀은 기본적으로 8명의 참가자가 리그전의 방식으로 솔로 배틀을 하는 구조로, 20분 동안 한 명이 모두를 이기고 7승을 하게 되면 경기가 끝난다. 7승을 달성한 사람이 없는 경우에는 가장 많은 승리를 한 사람이 우승자가 된다.

먼저 두 사람이 배틀을 하여 승패를 가르고, 여기서 패배한 사람은 대기줄의 가장 뒤로, 승리한 사람은 다음 도전자를 맞는다. 이후 이어지는 솔로 배틀부터는 승리자와 도전자가 겨루고, 여기서 패배한 사람은 대기줄의 가장 뒤로, 승리한 사람은 다음 도전자를 맞는 방식이 이어진다. 대회마다 시행 규칙이 조금씩 다르긴 하지만, 기본적으로 한 번이라도 패배하면 대기줄의 가장 뒤로 가는 방식이기 때문에 참가자에게는 어려운 배틀이다. 하지만 보는 이에게는 색다른 재미를 주는 배틀이기도 하다.

5.
꼭 봐야할 배틀 리스트

브레이킹은 유행에 따라 시시각각 변하고 발전하며 지금의 모습을 이루었다. 그렇기에 브레이킹을 잘 알기 위해서는 브레이킹의 역사에서 중요한 순간들을 직접 보는 것이 중요하다. 이를 위해서 세계적으로 유명했던 배틀을 보는 것은 브레이킹의 변화 흐름을 되짚어 보기에 매우 좋은 방법이다. 정보를 찾다보면 Battle of the Year, UK Championship, Freestyle Session, I.B.E, Lords of the Floor, Be B-boy 등 다양한 이벤트를 발견할 수 있게 될 것이고, 이런 자료 안에서 특정 크루 또는 브레이커에게 매력을 느끼게 될 수도 있다. 그렇게 점점 브레이킹을 넓게 이해하게 되면서, 이 문화의 일원이 될 수 있을 것이다. 수많은 자료가 있지만, 그중에서 브레이킹을 이해하고 더 흥미를 가지기 위해 꼭 봐야 할 배틀을 소개한다.

1. 영화 'Beat Street' 중 NYC Breakers vs Rock Steady Crew (1984)

브레이킹을 지금과 같은 모습으로 만들어낸 두 팀이 있다. 바로 뉴욕 시티 브레이커스와 락 스테디 크루이다. 이들은 모든 브레이커의 우상이었다고 해도 과언이 아닐 만큼 상징적인 존재로, 이후 시간이 갈수록 서로 상반되는 스타일을 보여주며 독자적인 모습으로 영향력을 가지게 되었다. 영화 '비트 스트리트'에서 이 두 팀의 배틀을 볼 수 있다. 물론 영화라는 한계가 있었지만,[57] 이 영화는 두 상징적 팀이 맞붙은 최초의 기록이다. 반드시 봐야할 배틀이라고 할 정도로 역사적인 배틀이며, 움직임과 패션의 기준을 제시하는 배틀이라고 할 수 있다. 그만큼 영화 '비트 스트리트'의 영향력은 매우 크다.

영화에서 보면, 이들이 단순히 연출된 배틀을 하는 것이 아니라 주어진 상황 속에서 즉흥적으로 즐기고 있음을 알 수 있다. 장난기 많은 브레이커의 행동을 자제하는 모습이 나오기도 하고, 무브를 실패하지 않으려고 최선을 다하는 모습도 볼 수 있다. 영화였기 때문에 실수를 하거나 마음에 들지 않는 장면은 재촬영을 할 수도 있었을 테지만, 이들은 그러지 않았다.

이 영화를 기점으로 락 스테디 크루는 댄싱 중심의 브레이킹, 뉴욕 시티 브레이커즈는 힘과 화려함을 중심으로 하는 브레이킹으로 그 스타일을 명확히 했다. 두 팀의 춤에 대한 철학은 매우 달랐지만, 각 팀의 대표였던 크레이지 레그Crazy Leg와 액션Action은 함께 연습하며 꿈을 키우던 친구 관계이기도 하다. 따라서 이 영화는 브레이킹 문화 안에 있는 선의의 경쟁과 동료의식을 보여주는 작품이다.

JUST BREAKING

---

57   영화에서는 실제 팀 이름으로 배틀을 하지 못했다.

2. 'Radio Tron 1996' - Style Elements vs Renegades (1996)

락 스테디 크루와 뉴욕 시티 브레이커즈가 70-80년대의 상징이었다면, 90년대는 레니게이즈와 스타일 엘레먼츠의 시대였다. 락 스테디 크루와 뉴욕 시티 브레이커즈의 배틀이 올드 스쿨의 기준이었다면, 이들의 배틀은 뉴 스쿨의 기준이라 할 수 있을 정도로 역량과 영향력이 대단했다. 특히 지금 소개하는 이 배틀에서는 바닥이 미끄러운 상황임에도 자신의 춤에 최선을 다하는 모습을 통해 춤에 임하는 태도가 어떠해야 하는지를 보여준다. 이 배틀은 많은 브레이커에게 영감을 주었다.

3. 'UK Championship' - Project Korea vs Vagabond Crew (2002)

락 스테디 크루와 크레이지 레그가 주최자로 참여했던 UK 챔피언쉽은 브레이커들이 모여 경합을 벌이는 몇 안 되는 세계대회 중 하나였다. 이 대회에서의 우승은 브레이커들 사이에서 최고의 명예였고, 이에 많은 브레이커가 우승을 위해 많은 노력을 바쳤다. 소개하는 배틀은 세계 여러 나라가 출전한 배틀 대회에서 대한민국 팀이 처음으로 우승한 대회의 결승전이다. 이 배틀을 한 마디로 정의하자면 '대한민국이 세계 최고라는 것을 알리는 배틀'이라고 할 수 있다. 상대는 프랑스에서 가장 긴 역사를 가졌으며, 예나 지금이나 프랑스를 대표할 수 있는 전설적인 팀이다. 이 배틀은 연장까지 가는 치열한 접전이 펼쳐졌고 이날의 승리는 대한민국의 전성기를 알리는 신호탄이 되었다.

이벤트가 끝난 후 사람들은 지도를 꺼내며 물었다. 'Where is Korea?' 당시 대한민국은 지도를 꺼내며 위치를 물어야 할 정도로 알려지지 않은 나라였다. 그런 나라에서 우승팀이 나왔다는 것은 현장에 있던 사람들에게 상당히 충격적이었다고 한다. 그로부터 1개월 후, 또 다른 세계대회인 독일의 '배틀 오브 더 이어'에 참여한 한국 대표팀 익스프레션Expression이 또 한 번 우승을 차지하여 연속된 세계대회에서의 우승이 운이 아닌 실력임을 확실히 증명하였다.

4. 'The Notorious I.B.E.' All Crew Battles - Japan & Korea vs. Europe (2008)

아이비이I.B.E.는 세계 각지에서 유명한 브레이커들을 초대하여 리그전을 펼치는 지역 이벤트이다. 매년 놀라움을 선사하는 대회이기 때문에, 어느 하나만을 소개하는 것이 어려울 정도이다. (브레이킹을 좋아한다면 아이비이의 모든 배틀을 시청하길 추천한다!) 그러나 그 중에서도 꼭 하나를 추천해야 한다면 바로 이 배틀이다. 이 배틀에서 핸드스핀의 달인인 치코Cico와 카쿠Kaku를 볼 수 있다. 치코는 한 손으로 물구나무를 서서 회전하는 1990 핸드스핀을, 카쿠는 두 손으로 물구나무를 서서 회전하는 2000 핸드스핀을 주특기로 하는 브레이커이다. 핸드스핀 자체가 쉽지 않은 기술이기 때문에, 이를 직접 볼 수 있는 기회는 많지 않다. 그러나 이들은 첫 라운드부터 자신들의 주특기를 여과없이 뽐내며 배틀을 이어갔다. 브레이킹 역사상 이런 핸드스핀을 볼 수 있었던 적이 없었기에, 대회 이후에도 이들의 배틀은 계속 회자되었다.

5. 'R16' B-boy Battle - Jinjo Crew vs Massive Monkees (2012)

진조 크루는 우리나라를 대표하는 팀 중 하나로, 2000년 초반부터 무섭게 실력을 드러내기 시작한 대한민국 브레이킹의 정점을 찍은 팀이다. 2012년 배틀 당시에도 진조 크루는 이미 세계적인 팀이었다. 상대팀이었던 매시브 몽키스 역시 미국을 대표하는 팀 중 하나로, 역사가 길며 스타 비보이가 많고 루틴이 좋은 팀이다. 이 두 팀의 대결은 당시 미국의 솔로 배틀 에이스로 주목을 받던 디시스Thesis가 매시브 몽키스와 함께 하고 있다는 것으로 인해 주목을 받았다.[58] 당시 대한민국 솔로 배틀 에이스는 윙Wing으로, 그가 진조 크루 소속이었기 때문이다. 솔로 배틀과 크루 배틀의 개인전은 배틀을 대하는 태도부터 다르다. 솔로 배틀은 개인의 명예가 우선시 되지만, 크루 배틀의 개인전에는 팀의 명예가 걸려있기 때문이다. 무게감부터가 다른 대결인 것이다. 이런 맥락에서 신흥 에이스인 디시스와 솔로 배틀의 왕좌에 앉아있는 윙이 크루 배틀에서 만난다는 것이 많은 이들의 관심을 모았다. 게다가 진조 크루와 매시브 몽키스 모두가 강력한 우승 후보였기 때문에 긴장감이 남달랐다. 이 배틀 영상이 크루 배틀 영상 중 가장 최고 조회수를 기록하고 있다는 것만 봐도 이 배틀에 쏠린 관심과 이 배틀의 영향력을 짐작할 수 있다.

---

58   당시 디시스는 메시브 몽키스 소속이 아니었다.

6.
대표적인 브레이킹 음악

1. 브레이킹의 시작, Get on the Good Foot - James Brown

브레이킹에 관심이 생겼다면 이 노래를 먼저 들어보자. 브레이킹의 시작을 알린 노래, 제임스 브라운의 'Get on the Good Foot'이다. 앨범에 수록된 것보다 라이브 버전을 듣는 것을 추천한다. 라이브에서 선보이는 연주가 앨범의 연주보다 빨라서 춤출 때 더욱 흥이 나기 때문이다. 또 제임스 브라운은 특이한 추임새로도 유명한데, 라이브에서는 이 추임새를 들을 수 있다. 제임스 브라운이 노래를 부르는 동안에는 슬쩍슬쩍 단순한 동작으로 리듬을 타다가 연주(브레이크) 구간에서 자신의 춤을 구현해보자. 브레이커의 감성을 만끽할 수 있을 것이다.

James Brown의
Get on the Good Foot

2. 쿨 헉의 파티에 나도?

다음은 쿨 헉의 파티에 참여해보자. 쿨 헉은 여러 인터뷰에서 자신이 1972년 경에 메리-고-라운드Merry-Go-Round 기법을 사용하기 시작했다고 했다. 그리고 1973년 쿨 헉의 파티에서 이 기법은 정점을 찍는다. 당시 쿨 헉은 제임스 브라운의 'Give It Up or Turn it a Loose', 인크레더블 봉고 밴드Incredible Bongo Band의 'Bongo Rock', 베이브 루스Babe Ruth의 'The Mexican'을 즐겨 틀었다. 'Give It Up or Turn it a Loose'는 라이브보다

James Brown의
Give It Up or
Turn it a Loose

앨범 수록 버전을 듣는 것을 추천한다.

인크레더블 봉고 밴드는 쿨 헉이 가진 비장의 무기 중 하나가 아니었을까 싶다. 이 음악은 확실히 말로 표현할 수 없는 무언가가 느껴지기 때문이다. 봉고Bongo는 악기의 한 종류인데, 이들이 이 봉고를 연주하는 밴드였기에 이름이 인크레더블 봉고 밴드이다. 소개하는 이 음악의 가장 큰 특징은 도입 부분의 봉고 연주인데, 이 부분의 독특함으로 인해 이 곡이 바로 브레이커에게 잘 알려져 있다. 'Bongo Rock'에 향수가 있는 브레이커들은 도입부만 들어도 반가움에 소리를 칠 정도이다.

베이브 루스의 'The Mexican'은 일렉트로닉 기타의 연주가 인상적인 음악이다. 전쟁의 아픔을 담고 있는 슬픈 가사이지만, 쿨 헉에 의해 많은 사람들을 춤추게 한 음악으로 다시 태어났다.

Incredible Bongo Band의
Bongo Rock

Babe Ruth의
The Mexican

이외에도 쿨 헉 파티에서 많이 거론되는 곡에는 지미 캐스터 번치Jimmy Castor Bunch의 'It's Just Begun'과 부커티 앤 더 엠지스Booker T. & the MG's의 'Melting Pot'이다. 특히 'It's Just Begun'의 경우 Bongo Rock과 같이 도입부가 인상적이기 때문에 배틀 이벤트에서도 첫 곡으로 자주 사용된다. 이곡은 1983년 뉴욕 시티 브레이커스가 케네디 센터 아너스Kennedy Center Honors에서 보여준 퍼포먼스에 사용된 곡으로도 유명하다. 이 퍼포먼스는 미국 전역으로 방송되었는데, 이는 미국 사회가 브레이킹을 포함한 힙합 문화를 인정한 것이라고도 할 수 있다. 'It's Just Begun'은 그 역사를 함께 한 곡이다.

1975년 쿨 헉은 브레이커들을 열광하게 만드는 한 곡을 발견하게 되는데, 소문에 의하면 그는 이 곡을 독점하기 위해 레코드 앨범의 라벨을 찢어버렸다고 한다. 이 곡은 인크레더블 봉고 밴드의 'Apache'이다. 이 곡을 듣고도 아무 반응이 없다면 브레이커가 아니라고 단언할 수 있을 정도로, 시대가 바뀌어도 이 곡에 대한 브레이커들의 애정은 식지 않고 있다. 브레이커들이 왜 이 음악을 좋아하는지는 아무도 모르지만, 어쩌면 이 곡에 브레이커에게만 영향을 미치는 어떤 에너지가 흘러나오고 있는 것이 아닐까 싶을 정도로 질리지 않는 음악임에는 분명하다.

Jimmy Castor Bunch의
It's Just Begun

케네디 센터 아너스 공연

인크레더블 봉고 밴드의
Apache

3. 힙합 하면 브레이킹, 브레이킹 하면 힙합!

지금은 힙합 하면 브레이킹이 자연스럽게 떠오르지만, 처음부터 그랬던 것은 아니다. 초기 브레이킹은 앞서 소개한 음악과 같은 음악에 맞춰 추는 춤이었기 때문에, 랩이 많이 사용되지는 않았다. 하지만 2005년, I.B.E.에서 머신Machine이라는 비보이가 보여준 공연은 브레이킹 음악에 대한 패러다임을 바꿔버렸다. 그가 랩에 맞춰 보여준 춤이 압도적이었기 때문이다. 그를 시작으로 브레이킹 음악의 트렌드가 변하기 시작했고, 이때를 계기로 다시 유행하게 된 곡이 런 디엠씨Run DMC의 'Beats to the Rhyme', 에릭비 앤 라킴Eric B & Rakim의 'Don't Sweat the Technique', 블랙 쉽Black Sheep의 'The Choice Is Yours'이다.

Run DMC의
Beats to the Rhyme

Eric B & Rakim의
Don't Sweat the Technique

Black Sheep의
The Choice Is Yours

4. 이제는 샘플링의 시대

전통적인 DJ는 적절한 음악을 선택하여 파티를 주도하는 아티스트였으나, 요즘에는 음악을 샘플링sampling하여 자신만의 음반을 내기도 하며, DJ Tee, DJ Ranegade 등 브레이킹 문화 안에서 활동하는 DJ들은 자신의 이름을 건 파티나 작품 활동에 집중하기도 한다.

　　대체로 브레이커들은 배틀에서 사용된 음악만 주로 듣는 편이기 때문에 파티와 작품 활동만 하는 DJ에 대해서는 상대적으로 잘 모르는 경우가 대부분이었지만, 혜성처럼 등장한 어떤 곡으로 인해 판도가 바뀌게 되었다. 바로 DJ Shadow의 'Organ Donor'이다. 이 곡은 이제 퍼포먼스나 배틀 이벤트라면 빠지지 않고 나오는 명곡이 되었다. 이 곡의 등장 이후, 샘플링을 사용하는 디제이가 많아졌고, 브레이커도 샘플링에 관심을 갖기 시작했다. DJ Shadow가 가져온 변화라고 할 수 있겠다.

DJ Shadow의
Organ Donor

7.
브레이킹 고수가 되기 위한 비법 5가지

누구나 브레이킹을 할 수 있지만, 아무나 고수가 될 수는 없다. 연구와 노력이 없다면 고수가 될 수 없기 때문이다. 하지만 이 말은 곧 연구와 노력을 기울인다면 고수가 될 수 있다는 말이기도 하다. 고수가 되고 싶다는 욕망은 누구나 가질 수 있고, 또 모두가 고수가 될 자격이 있다. 그래서, 고수가 되고 싶은 이들을 위한 방법을 소개한다.

▶
브레이커에게 가장 불명예스러운 것은 실력이 낮은 것보다 참여하지 않는 것이다.

1. 이벤트에 꾸준히 참여 하기

브레이킹은 많은 사람들의 적극적인 참여와 변화의 노력으로 만들어진 문화이다. 밖에서 보면 특별한 기준이 없는 것 같지만, 막상 들어가 보면 참여하는 사람들의 의식 속에 나름의 기준이 있음을 느낄 수 있다. 이 기준은 오직 보고 듣고 소통하여야만 알 수 있다. 또, 브레이킹 현장에서는 '열정의 대사 작용'이 일어난다. 이벤트에 참여하면 참여자들 사이에서 어떤 열정이 순환되는 것을 느낄 수 있는데, 이 과정을 반복하면 열정이 식지 않게 되는 것이다. 이벤트에 꾸준히 참여하자. 특히 고수로부터 열정을 공급 받기 위해서 이벤트를 나간다면 열정과 함께 아이디어, 태도, 인맥, 정보 등 정말 많은 것들을 얻게 될 것이다. 누가 뭐래도 백문이 불여일견이다.

2. 음악에서 힘을 얻을 수 있을 때까지

브레이킹은 DJ가 어떤 음악을 연주할 것인지 알 수 없는 상태로 춤을 추는 것이 기본이다. 고수를 알아보는 방법이 바로 음악을 대하는 태도이다. 고수는 음악 자체에서 힘을 얻기 때문이다. 초보자의 경우 잘 모르는 음악에 맞춰 움직이는 것이 익숙하지 않아 불안하거나 답답해하는 경우가 많다. 이를 극복하기 위해서는 음악에 익숙해질 필요가 있는데, 참여를 많이 하여 분위기에 익숙해지거나, '음악을 예측하는 힘'을 기르는 방법이 있다. 음악을 예측하는 힘을 얻기 위해서는 한 곡을 반복하며 자세히 듣는 것을 추천한다. 한 음악을 반복해서 듣다보면 머리로 외워지는 것은 물론, 마음에 남게 된다. 이렇게 저장된 곡이 쌓이고 쌓이다 보면 처음 듣는 음악이라도 예측이 가능해지는데, 이 예측은 곧 확신으로 변한다. 그리고 음악에 대한 확신을 얻게 되면 안도감을 넘어 이를 뛰어넘는 힘까지 낼 수 있게 된다. 또, 음악을 기억한다는 것은 음악에 어울리는 동작을 탐색하는 작업과도 이어지기 때문에 세트 무브나 프리스타일의 질적인 향상에도 긍정적인 영향을 미치게 된다. 음악에 대한 중요성은 헤아릴 수 없이 강조되어 왔다. 전설적인 비보이인 Ken Swift는 이런 말을 남겼다. '**음악이 열쇠다.**'

▲
턴테이블에서 나오는 음악이 반
가워지는 날이 온다.

3. 춤의 완성은 패션

브레이킹은 태동기부터 지금까지, 패션에 대한 관심을 놓지 않았고, 지
금도 많은 고수들이 자신을 완성하기 위한 패션의 중요성을 강조한다.
패션에 대한 고찰은 춤을 위한 끝없는 연습과도 맥을 같이 한다. 90년
대 후반에서 2000년 초반에는 패션에 대한 중요성이 더욱 강조되어 패
션을 대회의 심사 기준으로 삼았을 정도였다. 이유는 패션이 브레이커
의 정체성, 그리고 개인의 정체성을 나타내는 것이기 때문이다. 브레이
킹 문화에서 '누구처럼 입었다'라는 말은 불명예로 여겨질 만큼 패션은
고유성을 나타내는 수단이다.

초기 브레이커는 통일된 의상을 통해서 유대감과 소속감을 드러냈
다. 아프리카 밤바타의 시대에는 크루 마크가 보이는 자켓을, 80년대에
는 푸마나 아디다스 제품을 통해서 유대감을 보여줬던 것을 보면 알 수
있다. 하지만 시간이 갈수록 유대감보다는 자신의 스타일을 찾는 문화
가 강해지기 시작했고, 이것이 지금까지 이어지고 있다. 주의해야 할 것
은, 브레이킹이 패션을 중요하게 생각하는 것은 맞지만, 그렇다고 옷만

차려입고 브레이커가 되었다고 생각하는 것은 위험하다. 브레이커의 패션에는 문화에 대한 이해와 춤에 대한 정열이 함께 담겨야 하기 때문이다. 수많은 유행을 거치면서도 신발만은 탄력 있는 풋워크를 위해 푸마 스웨이드나 아디다스 슈퍼스타를 신는 것, 더욱 빠르게 회전하기 위해서 화학 섬유 소재의 옷을 입는 것을 보면 패션과 춤에 대한 열정이 어떻게 결합했는지 알 수 있다.

이처럼 브레이커의 패션에는 자신이 표현하고자 하는 스타일과 기능적인 측면이 함께 들어가야 한다. 즉, 옷 고를 때도 머릿속에는 춤밖에 없어야 한다는 것이다. 이런 브레이커가 고르는 패션은 당연히 춤에도 영향을 미칠 수밖에 없다.

브레이킹이 생각하는 패션을 더 쉽게 이해할 수 있는 예가 있다. 체조와 브레이킹에는 모두 플레어flare라는 동작이 있는데, 체조 선수는 확실하게 동작이 드러나도록 타이츠를 입는다. 동작이 옷에 가려지지 않게 확실히 드러나야 점수를 얻을 수 있기 때문이다. 체조 선수가 선택하는 복장은 동작 자체를 확실히 보여주기 위한 용도라고 볼 수 있다. 반면 브레이커는 플레어에 자신만의 스타일을 드러낼 수 있는 옷을 선택한다. '어떤 복장에서 플레어가 더 멋있게 될까?', '어떤 복장이 더 빠르게 돌아가는데 도움이 될까?', '이걸 입고 플레어를 하면 멋있겠는데?'와 같은 고민을 하는 것이다. 즉, 브레이커는 동작을 확실히 했는지 보여주기 위해 복장을 선택하는 것이 아니라, 동작과 옷이 어우러져서 드러나는 스타일을 고민하며 옷을 고른다. 정리하면, 체조와 브레이킹의 복장에 대한 관점은 옷을 동작을 보여주는 부가적 요소로 보는가, 아니면 춤을 추는 사람을 표현하는 중요 요소로 보는가의 차이라고 할 수 있다.

▲ 체조 선수는 다리가 구부러지는지 확인을 해야하므로 복장에 규정이 있다.

▲ 브레이커는 풋워크에도 어울리고 플레어에도 어울리는 복장을 찾아야 한다.

4. 상상력을 뒷받침 할 수 있는 신체를 가지자

브레이킹은 대부분 엎드리거나 물구나무를 서는 등 일상에서는 하지
않는 자세를 유지해야 하는 경우가 많다. 이를 유지하는 데에는 많은 힘
을 요구하며, 힘이 부족할 때에는 흉내조차 낼 수 없다. 브레이킹에 어
려움을 느끼는 이유는 창의력 부족보다 신체 능력의 부족인 경우가 많
다. 따라서 고수가 되려면 상상을 충분히 구현할 수 있는 신체 능력이
필수이다. 신체 능력의 한계가 없어야 창의성에도 한계가 없어진다. 몸
을 들어 올리거나 형태가 무너지지 않도록 견디는 힘이 좋다면, 동작을
만들 때 발생하는 문제를 해결하는 열쇠가 되기도 한다. 힘만큼이나 중
요한 것이 유연성인데, 유연성은 동작을 상상하는 범위를 크게 넓혀준
다. 힘과 유연성 중 하나라도 부족하면 움직임에 제약이 생기기 때문에
한계를 느끼게 된다. 아무리 기가 막힌 동작을 상상한다고 해도, 그 상
상력을 뒷받침할 수 있는 신체가 갖춰져 있지 않다면 그 상상은 실현될
수 없다. 브레이커는 자신의 몸으로 상상을 구현하는 사람이다. 신체 능
력의 중요성은 더 말할 필요가 없다.

5. 좋은 지도자를 만나라

브레이킹 초기에는 수련을 위한 과정이 마련되어있지 않았다. 수련과정이 없는 정도가 아니라, 마치 아무도 밟지 않은 눈밭에 처음으로 발을 내딛는 것 과 같았다. 그러나 지금은 다르다. 앞서간 선배들의 발자국들을 따라 갈 수 있게 되었기 때문이다. 이제는 여러 쌓인 경험을 바탕으로 좋은 연습 방법은 무엇인지, 피해야 하는 것이 무엇인지 알 수 있다. 그래서 오히려 지금은 혼자 계획 없이 시작하기보다는 누군가의 지도를 받는 것이 더 좋다.

브레이킹의 문화, 표현하는 사상, 동작의 기교와 패션 등 브레이킹의 요소를 스스로 이해하고 해석해서 표현해내는 사람이 있다면 그는 아마 천부적인 재능을 타고 난 사람일 것이다. 하지만, 모두가 다 그렇지 않다. 그렇기에 적절한 때에 적절한 학습 방법을 제시해주는 지도자를 만나는 것이 고수가 되는 가장 이상적이며 빠른 길이다.

그렇다면 좋은 지도자는 어떻게 알 수 있을까? 과거에는 지도자가 자신의 기량을 전수받을 학습자를 찾았다. 그러나 이제는 지도자들이 많아져서 학습자가 지도자를 선택할 수 있는 시대이다. 브레이킹에 막 입문한 이들이 많이 하는 실수가 무작정 유명한 사람만 찾아다니는 것이다. 그러나 유명함이 좋은 가르침을 받을 수 있는 가능성을 의미하지 않는다. 유명세보다 초보자에 대한 이해도가 높은 지도자를 찾는 것이 필요하다. 브레이킹은 시작이 정말 중요하기 때문이다. 당연한 이야기이지만, 지도 역량이 좋은 지도자는 단지 생각이나 말이 아닌 실력, 자신이 키워낸 이들을 통해 자신을 증명한다. 그러니 어떤 브레이커가 누구에게 지도를 받았는지를 유심히 살펴볼 필요가 있다.

이와 더불어 중요하게 봐야 할 것은 교육자로서의 마음가짐과 인성이다. 잘하고 잘 아는 사람이라도 교육자의 자질이 부족하다면 그 사람에게서는 좋은 가르침을 받기 어렵다. 그 외에도 브레이킹과 관련된 고충을 모두 이해할 만큼 이 분야에서 오래 생활했는지, 정상과 바닥을 모두 겪어본 사람인지도 파악하는 것이 중요하다. 힘든 시기를 겪었음에도 이 문화를 좋아하고, 동작을 연구를 하고 있다면 지도자로서 매우 훌륭한 사람일 것이다. 혹시나 이 모든 점을 갖춘 사람을 만나고 있다면 당신은 운이 매우 좋은 사람이다.

8.
알아두면 좋은 브레이킹 상식

1. Rock

락 스테디 크루, 스파르타닉 락커스Spartanic Rockers, 락 포스 크루Rock Force Crew 등 락Roc 또는 Rock 이라는 단어가 자주 보이는 것을 알 수 있을 것이다. 그 외에도 브레이커를 상징하는 이름에서는 '락'이라는 단어를 쉽게 볼 수 있다. 과거에는 브레이킹을 락킹Rocking이라고 부르기도 했는데, 이는 브레이킹을 설명할 때 '몸을 흔들며' 말했기 때문일 것이라는 설이 있다. 또 락이라는 단어가 사전적인 의미와 다르게 '춤'이라는 말과 같은 의미, 일종의 유행어로 쓰였다는 설도 있다. 예를 들면, '춤추러 갈래?'와 '락 하러 갈래?'가 같은 말이었다는 것이다. 업락 또는 브루클린 락 댄스Rock dance라 불리는 춤과 로큰롤Rock and Roll도 '락'을 쓰는데, 이 유행어의 영향이 있었던 것이 아닐까 싶다. 실제로 업락의 락커Rocker, Rock dancer가 명칭을 착각하여 로큰롤 락 콘테스트에 참가하는 일이 있었다고 한다. 이처럼 브레이킹 문화에는 락과 같이 사전적 의미와는 다른 단어들이 사용되고 있어, 이로 인해 발생하는 일화도 많다. 이를 알아가는 재미는 브레이킹을 즐기는 요소 중 하나일 것이다.

◀
같은 rock을 쓰지만 차이가 크다.

▶
프리즈 무브가
'One'에 맞춰질 때는
엄청난 쾌감이 있다.

2. 판을 뒤집는 열쇠, 'On the One'

제임스 브라운의 세션이었던 부치 콜린스Bootsy Collins는 인터뷰에서 제임스 브라운은 연주를 시작하기 전 박자를 세다가, 'One'이라는 소리에 맞춰 연주가 시작되는 것을 중요하게 여겼다고 한다. 이후 DJ의 턴테이블 기술이 발달하면서 이 'One'은 더욱 강조되고 반복적으로 들리게 되었는데 이는 브레이커의 움직임에도 많은 영향을 미쳤다. 특히 배틀에서 브레이커가 인상적인 동작을 보여주기 위해 음악의 'One'에 맞추기 위해 몰두하는 모습도 종종 볼 수 있다. 'One'을 잘 살리면 간단한 동작도 강렬하게 만들 수 있어서, 이를 잘 활용하기만 한다면 굉장한 효과를 볼 수 있기 때문이다. 이처럼 음악의 특정 부분을 활용하는 것은 브레이커의 센스이자, 음악을 즐기는 방법이다. 켄 스위프트의 말처럼 정말 '음악이 열쇠'인 것이다.

3. 보조제는 신의 한 수

브레이킹을 배우는 과정에서 겪는 어려움은 주로 비만이다. 특히, 직장인의 경우 시간에 대한 압박이 있어 다이어트와 연습, 이 두 가지를 함께 하기가 쉽지 않다. 하지만 보조제를 잘 활용한다면? 두 마리 토끼를 잡을 수 있는 가능성이 열린다!

가. 다이어트는 엘-카르니틴과 엘-아르기닌

과체중으로 몸이 무겁다면 엘-카르니틴 또는 엘-아르기닌이 효과적일 것이다.

엘-카르니틴은 지방 대사를 높이고 엘-아르기닌은 지방을 분해를 하는 등 결과적으로 몸이 가벼워진다는 내용의 논문이 많다. 엘-카르니틴의 경우 10주 이상 섭취를 한 연구에서 결과가 좋은 편이니 장기적으로 섭취를 하는 것이 중요하다.

나. 힘이 부족할 때는 크레아틴

크레아틴은 섭취 기간 중 힘이 강해지는 효과가 있다. 그래서 배틀이나 공연이 있을 때 크레아틴을 섭취하는 것은 이상적이라 할 수 있다. 단, 필요할 때만 일시적인 부스터 효과를 목적으로 섭취 하는 것을 추천하며 공식 경기를 나가는 경우에는 복용하지 않는 것이 좋다. 또한 장기적으로 섭취하는 경우 부작용이 있으니 용법과 용량, 부작용에 대한 정보를 반드시 확인하고 섭취해야 한다.

4. 무엇을 입어야 할까?

브레이킹을 시작하면, 옷에 대한 고민을 하게 된다. 이런 고민을 하는
분들을 돕기 위해 패션 상식을 몇 가지 남겨 놓는다.

가. 리바이스(Levi's) 501

브레이킹이 시작될 무렵은 작업복으로 많이 입던 복장인 리바이스
의 청바지가 유행이었던 시기이기도 하다. 이 바지가 브레이커 사이에서
특별히 유행했던 것이 아니라, 이미 '국민 바지'였던 것이다. 초기 브레
이커의 옷이 특별한 복장이 아니라, 평소 자신들이 입던 옷 그대로였다
는 것을 생각해보면[59], 리바이스 바지의 유행은 너무 당연한 일이었다.

나. 디키즈(Dickies) 874 워크 팬츠

디키즈 역시 오랜 시간 사랑받았던 브랜드로, 특히 80년대와 90년
대 스케이터와 힙합 문화에서 유행했던 것으로 확인된다.[60]

다. 심볼 디자인

힙합 역사에서 최초의 브레이커 크루는 줄루네이션 소속의 줄루킹
즈로, 이 크루는 소위 '동네에서 잘나가는' 브레이커들의 집합이었다.
이후 이들이 점점 우상화되면서 이들의 패션 역시 자연스럽게 유행이
되었다. 이들 패션의 특징은 겉옷에 붙인 심볼이나 숫자 패치인데, 이는
갱스터 문화에서 온 것으로 결속의 상징이었다. 옷의 품질이나 브랜드
의 가치보다도 패치가 가지는 가치가 더 중요했다.

---

59 실내용 옷을 준비해서 다니는 지금과는 전혀 다른 모습이다. 이와 같은 문화는 위생상 발전하게 된 문화이
니 어쩔 수 없는 상황이 아니라면 실내용 옷과 신발을 챙겨서 다니는 것이 좋다.

60 www.dickieslife.com 디키즈 홈페이지 참조

라. 80년대 눈에 띄는 유행들

80년대에 들어오면서 유행이 빠르게 변화하는데 특히, 영화 '비트 스트리트'가 흥행에 성공하면서 푸마Puma의 제품이 크게 유행한다. 푸마 제품은 70년대부터 알려지기 시작했지만, 영화 흥행에 힘입어 급속도로 전 세계 브레이커의 패션에 큰 영향을 미치게 된다. 특히 이 영화가 유행시킨 패션이 있는데, 바로 후드티에 패딩 조끼를 함께 입는 것이다.

1985년 레이건 대통령 취임식, 뉴욕 시티 브레이커스는 이 무대에서 모두를 사로잡는 특이한 패션을 선보인다. 바로 하얀색 타이츠였다. 이들의 무대는 미디어를 통해 전 세계로 퍼져나갔고, 타이츠 패션도 함께 유명해졌다. 뉴욕 시티 브레이커스가 타이츠를 입은 이유는 저항을 줄여 파워 무브를 더 잘하기 위해서라고 밝혔다. 1986년, 불과 1년 전 유행했던 타이츠가 닳기도 전에 또 하나의 유행이 등장하는데, 랩 분야의 슈퍼스타 Run DMC가 'My Adidas'를 발표한 것이다. 이로 인해 너도나도 할 거 없이 삼선 트레이닝복을 입고 신발을 신었다. 이 옷과 신발은 디자인, 가격, 기능 모두를 만족시켰다.

90년대에 들어서면서 자신만의 스타일을 찾고 캐릭터를 만들어 가는 것이 중요해지기 시작했고, 이런 흐름이 이어져 오늘에 이르고 있다. 소개한 제품 외에도 나이키Nike, 프로케즈Pro Keds 등의 유명 브랜드도 있으니, 찾아보면서 자신에게 딱 맞는 패션을 찾길 바란다.

5. 핸드사인(Hand Sign)

힙합과 관련된 사람들이 사진이나 영상과 같은 기록을 남길 때 손가락을 이용하여 어떤 형태를 취하는 모습을 본 적이 있을 것이다. 이를 핑거 사인Finger sign, 핸드 제스처Hand gesture 라고 한다. 대부분 R, W, L 등 알파벳으로 약자를 만들어 표시하는데, 그 기원은 갱 시그널Gang signal이다. 갱 시그널이란 갱스터가 자신의 소속과 영역을 표시하는 신호로, 단체는 이런 시그널을 통해 서로를 확인하고 집단의 결속력을 높인다. 힙합은 갱스터의 영향이 컸던 지역에서 시작했기 때문에, 자연스럽게 갱스터 문화가 힙합에도 영향을 미쳤다.[61]

그런데 핑거 사인이나 핸드 제스처와는 다르게 브레이커들이 유독 많이 사용하는 행동 언어도 있다. 이를 '핸드 사인'이라고 부르는데, 이 명칭의 기원은 알 수 없다. 이번 시간엔 브레이킹을 보는데 참고가 될 만한 핸드 사인 중 쉽게 알아볼 수 있는 사인 세 가지를 소개한다.

가. 바이트Bite / 카피Copy Sign

브레이킹 문화 중에는 시그니처 무브Signature Move라 하여 특정 동작을 마치 누군가가 가진 저작권처럼 인정하는 문화가 있는데, 바이트 또는 카피는 상대가 이 시그니처 무브를 무단으로 사용했을 때 하는 손동작이다. 바이트 사인은 배틀과 같이 한 공간에서 여러명이 춤을 출 때 쉽게 볼 수 있으며, 어떤 브레이커가 보인 무브 중 다른 이의 시그니처 무브가 섞여 있으면 이를 발견한 사람들이 사용한다. 이를 통해 '그 동작은 너의 것이 아니다'라고 알리는 것이다. (하지만 바이트 사인의 무분별한 사용은 지양해야한다는 의견도 있다.)

---

61   갱스터가 많이 거주하는 게토(ghetto) 지역에서 함부로 사용해서는 안 된다.

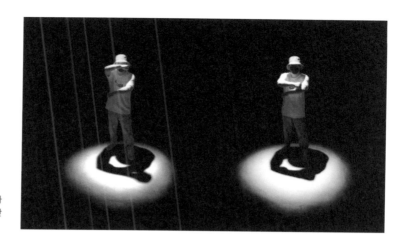

사진과 같이 팔꿈치를 붙였다
가 떨어뜨리는 것을 빠르게 반
복한다.

나. 크러쉬Crush

승패 여부에는 관대한 브레이킹이지만, 배틀에서의 실수에는 매우 엄격하다. 하지만 동작이 빠르게 진행되기 때문에 작은 실수를 발견하는 것은 쉽지 않다. 심사가 없는 배틀에서는 실수가 문제될 것이 없지만, 승패를 가리는 대회에서는 실수 하나가 큰 영향을 미친다. 이런 흐름이 생기면서 브레이커의 실수를 발견하고 이를 표현하는 핸드사인이 생겼다. 이 동작이 크러쉬이다. 만약 배틀 중 한 브레이커가 춤을 추는 도중 상대방 측에서 바닥을 두드린다면, 상대가 실수했다는 것을 알리는 것이다. 바닥을 치는 이유는 바닥에 충격이 갈 정도로 큰 실수를 했다는 의미를 담고 있다. 이 사인의 의미를 알고 있다면 배틀에서 고수들만 볼 수 있는 실수를 눈치 챌 수 있다.

사진과 같이 바닥을 '팡!팡!'
때리며 실수를 알린다.

다. 핸드업Hand up / 쉐이크Shake

이 동작은 유일하게 브레이킹에서만 볼 수 있는 손동작으로, 브레이킹에서는 오래전부터 사용된 행동 언어이다. 손바닥이 보이도록 팔을 위치시킨 후 손바닥을 앞뒤로 빠르게 흔드는 것이다. 힙합 음악에서 비슷한 형태의 동작이 있는데, 브레이킹에서 사용하는 동작과는 다르다. 브레이킹에서의 이 동작은 박수를 치는 것과 같다. 브레이커가 멋진 동작을 선보일 때면 곳곳에서 손이 불쑥불쑥 올라와 흔드는 것을 볼 수 있을 것이다.

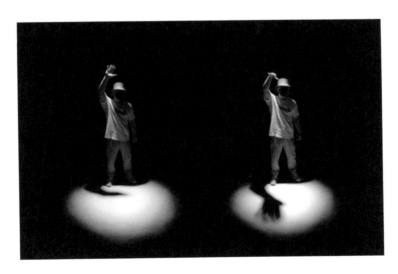

◀
사진과 같이 손목을 빠르게 흔들며 무브에 대한 감동을 표현한다.

브레이킹
QnA

03

Q. 브레이킹은 타고난 재능이 중요할까?

브레이킹은 '최고'가 무엇인지 명확히 정의하지 않는 분야이다. 최고가 무엇인지 정의하지 않으니, 그 최고가 되기 위한 능력이라는 개념도 당연히 없다. 어떤 능력이 중요한지, 그 능력을 타고났는지를 묻지 않기 때문에 재능이라는 것도 중요하지 않다.

브레이킹은 장애인과 비장애인, 연령과 성별에 상관없이 모두가 할 수 있다. 있는 그대로의 자신을 드러내는 것이면 충분하기 때문이다. 지금 내가 구현할 수 있는 동작을 주로 보여줄 것인지, 아니면 기술을 연마하여 더 어려운 동작을 표현할 수 있도록 자신을 단련할 것인지를 선택하는 것도 자기 자신이다. 그렇기에 단지 자신을 표현하는 수단으로 브레이킹을 한다면 재능 여부는 아무 문제도 아니다.

하지만 브레이킹을 직업으로 고려한다면 필요한 능력이 있을 수 있다. 예를 들어, 공연 활동을 직업으로 꿈꾸는 사람이 신체적이나 성격적으로 이 활동을 하는 것에 어려움을 느끼고, 이를 이어갈만한 기본적 자질이 부족한 경우는 고민이 더 필요하다. 그러나 만약 직업을 고려해야 하는 상황이 아니라면, 타고난 재능은 그저 재미거리를 주는 요소 중 하나일 뿐이다. 브레이킹에 순수하게 관심이 생겼는가? 그럼 재능의 유무를 고민하지 말고, 몸을 던져 즐겨보자.

Q. 키가 잘 안 자란다던데?

적절한 신체활동이 성장에 도움이 된다는 것은 상식이다. 이 신체활동에는 당연히 브레이킹도 포함된다. 그런데 왜 유독 브레이킹을 하면 키가 크지 않는다는 이야기가 있을까?

가. 키가 작은 사람이 많다?

유명 브레이커들의 평균 신장이 작은 편이라 이런 의문이 생길 수 있다. 일단 작고 가벼운 체형이 브레이킹에 유리한 것은 맞다. 특히, 파워 무브는 키가 작으면서 근육이 발달한 사람에게 매우 유리하다. 유리한 신체 조건을 가진 사람들이 높은 난이도의 어려운 동작을 수행하고, 이를 바탕으로 우승을 하고 유명세를 얻게 되다보니, 유명 브레이커들이 주로 키가 작은 편이다. 브레이킹이 성장에 도움이 되지 않는 것이 아니라, 키가 작은 브레이커들이 유명세를 타게 되어 그렇게 보일 수 있다는 말이다.

나. 동작이 너무 힘들어서 키가 자라지 않는다?

정형외과 전문의들은 '어떤 운동이든 그 운동이 과도한 경우 키 성장에 방해가 있을 수 있다'고 말한다. 일반적으로 파워 무브를 숙달하기 위해서는 오랜 시간 반복적인 연습이 필요한데, 일반적으로 추천하는 운동 시간이 보통 2~3시간 정도인 것과 비교하면 브레이킹의 운동량이 조금 과할 수 있다. 그러므로 이 질문은 어느 정도 타당하다고 볼 수 있다.

그러나 과도한 운동시간보다도, 원하는 동작을 구현하기 위한 연습 시간이 길어지면서 생기는 수면부족이 성장에 더 영향을 줄 수 있다. 그러나 요즘은 성장기 브레이커들이 지도자와 함께 정해진 시간에 맞춰 연습을 하는 경우가 대부분이라 과거와 같이 잠을 줄여가며 연습하는 일은 거의 없다.

Q. 브레이킹은 부상 위험이 높다?

실제로 브레이커들은 자주 다친다. 부상의 원인이 오직 과격한 동작 때문은 아니다. '비보이의 운동 상해와 공연 후 혈중 CPK, COMP 활성도에 관한 연구[62]'에 따르면, 브레이커가 가장 많이 다치는 부위는 손목인데, 이유는 충분한 준비운동이 없었기 때문이었다. 연구 대상이 된 브레이커들은 공연 활동을 할 정도의 실력을 갖춘 이들이었는데, 이들이 실력을 믿고 준비 운동을 소홀히 하여 부상을 입었다는 것이다.

과격한 활동 전 준비 운동은 상식이다. 그렇기에 준비 운동 없이 브레이킹을 하다가 부상을 입는다는 것은 준비 부족, 지식 부족이라고 할 수 있다. 하지만 지금은 과거와는 많이 달라졌다. 브레이커들도 부상 확률을 줄이기 위해 애를 쓰고 있고, 특히 자기 몸을 소중히 여기며 관리하는 것을 중요하게 생각하기 때문이다. 이런 흐름이 생기면서 부상 사례도 눈에 띄게 줄어들고 있다.

실력에 맞지 않는 동작을 하겠다는 욕심만 부리지 않는다면, 브레이킹은 충분한 운동효과도 가질 수 있다. 좋은 지도자와 함께 체계적으로 연습하고, 몸을 소중하게 여긴다면 부상의 위험에서 자유로울 수 있다.

---

62   노윤주, 윤진호, 김알찬, 김상훈, 오재근. (2010). 한국운동재활학회지, 6(3), 139-148.

Q. 브레이킹은 정말 프리스타일인가?

프리스타일은 정해진 움직임이 아니라 즉흥적인 움직임을 말한다. 정확히 말하면 브레이킹은 프리스타일의 비중이 높다고 할 수 있다. 하지만 브레이킹의 프리스타일은 일반적으로 생각하는 즉흥적인 춤과는 다르다. 초기 브레이커들의 말에 따르면, 현재와 같은 프리스타일이 유행한 것은 2000년대부터였고, 그 전에는 짜여진 동작, 세트 무브 중심의 춤을 선호했다고 한다.

하지만 브레이킹이 어떤 음악이 나올지 모르는 상황에서 그 음악에 맞춰 추는 춤이라는 것을 생각해본다면, 이미 브레이킹은 완전한 프리스타일은 아니지만, 프리스 타일의 비중이 매우 높다고 할 수 있다.

알면 도움이 되는 프리스타일 운영 방식

어렵거나 섬세한 동작을 세트 무브로 미리 정해놓은 후 프리스타일 (탑락)→ 세트 무브A → 프리스타일(풋워크) → 세트 무브B → 세트 무브C →프리스타일(풋워크) 후 포즈로 마무리

위와 같은 구성은 브레이커의 음악성과 기술을 한번에 보여줄 수 있어서 자주 사용된다.

Q. 직업으로의 브레이커

브레이커는 브레이킹이라는 춤을 추는 사람을 나타내는 말로, 직업의 의미로 쓰일수도 있지만 그렇지 않을 수도 있다. 실제로 전업 브레이커는 세계적으로 극소수이고, 대부분 다른 직업이 있다. 요리사, 군인, 회사원, 교사와 같은 일을 하면서, 동시에 브레이커인 것이다.

춤만 추면 브레이커가 되고, 이를 직업으로 가질 수 있다고 생각하는 사람들이 종종 있다. 하지만 춤을 직업으로 가지는 것은 생각보다 많은 것을 필요로 한다.

먼저, 직업인에게 요구되는 것이 무엇인지 알아보자. 직업인이 된다는 것은 '누군가에게 필요한 사람'이 되는 것이다. 이는 곧 그 시장에 수요와 공급이 있음을 전제로 한다. 쉽게 말하면, 직업인이 되는 것은 어떤 시장에서 수요에 따른 공급 역할을 한다는 것이다. 공연을 보고자 하는 이들에게 멋진 공연을 보여줄 수 있는 능력, 브레이킹을 배우고자 하는 이들을 충분히 가르칠 수 있는 능력이 필요하다. 물론 이런 능력을 키우기 위해 많은 노력을 해야 하는 것은 당연하다.

능력을 갖추는 것만큼이나 중요한 것은 직업의식이다. 자신이 가진 능력과 자신이 하고자 하는 일이 일치하는지를 살펴봐야 한다. 그리고 그 일을 하는 것에서 즐거움을 느낄 수 있어야 비로소 브레이킹을 직업으로 삼을 아주 최소한의 준비가 된 것이다.

이처럼 전업 브레이커가 되는 것은 결코 쉬운 일이 아니다. 어쩌면 다른 직업보다 더 많은 시간과 노력을 필요로 할지 모른다. 하지만, 브레이킹을 하는 것은 모두에게 열려있다. 전업 브레이커가 아니어도 된다는 말이다. 대회에 나갈 수 있는 자격이라는 것 자체가 없다. 브레이킹은 모두에게 열려있는 장이다. 당연히 충분한 실력이 있다면 누구나 우승도 할 수 있다!

Q. 브레이킹은 언제까지 할 수 있을까?

이 질문은 어렵다. 25년 전쯤, 우리나라에서도 비슷한 고민을 한 사람들이 있었다. 대부분의 남성이 의무적으로 군복무를 해야 하는 우리나라의 특성상, 군대 가기 전까지가 브레이킹이 가능한 나이라는 인식이 지배적이었고, 실제로 그렇게 된 경우도 많았다. 그러나 브레이킹이 점차 유명해지면서, 그래도 30대 초반까지는 괜찮을 것이라는 생각이 등장하기 시작했다.

가능 연령에 대한 인식이 조금씩 늘어나던 중, 모두를 놀라게 한 일이 일어났다. 2018년 실버 백 오픈 Silver Back Open이라는 배틀 이벤트에서 벤 하트Ben Hart라는 브레이커가 60세의 나이로 출전하여 놀라운 브레이킹을 보여준 것이다. 이어서 2019년 더치 비보이 챔피언쉽Dutch BBoy Championship에서 50대 팀이 출전하여 20대 브레이커들과의 배틀에서 선전하면서 모두에게 깊은 인상을 남겼다. 이후 50대에 브레이킹을 시작하여 60대에도 계속 브레이킹을 즐기고 있는 브레이커의 영상이 유명세를 타기도 했고, 멋진 프리즈를 성공한 60대 브레이커는 많은 이들의 열정에 다시 불을 붙이기도 했다. 이후 지금까지 수준 높은 중년 브레이커의 활약이 이어지고 있다.

우리는 아직 브레이킹의 한계를 모른다. 게토에서 올림픽까지 이어진 브레이킹, 앞으로 얼마나 더 많은 놀라운 일들이 일어날지, 얼마나 놀라운 일들이 우리의 생각을 바꿔 놓을지 기대해보자.

김효근. 대한민국 B-boy :춤으로 세계를 제패하다. 서울: 길벗, 2006

래리 스타, 크리스토퍼 워터먼. 미국 대중음악 : 민스트럴시부터 힙합까지, 200년의 연대기 . 김영대, 조일동
    역. 파주: 한울, 2015

제프 창. 힙합의 역사: 멈출 수 없는 질주 : 미국의 역사와 사회적 맥락에서 바라본 힙합의 탄생과 발전. 유영
    희 역. 서울: 음악세계. 2014

Banes, Sally. Writing Dancing in the Age of Postmodernism. Hanover, NH: Weslyan University, 1994.

Driver, Ian. A Century of Dance. New York: Cooper Square Press, 2001

Fricke, Jim. Yes Yes Y'all: Oral History of Hip-Hop's First Decade. Cambridge, MA: Da Capo Press,
    2002.

George, Nelson. Hip Hop America. New York: Viking Press, 1998.

Light, Alan. The Vibe History of Hip Hop. New York : Three Rivers Press, 1999

Mr. Fresh and The Supreme Rockers. Breakdancing. New York: Avon Books, 1984.

Rose, Tricia. Black Noise: Rap Music and Black Culture in Contemporary America (Music/Culture).
    Wesleyan University Press. 1994

Schloss, Joe. Foundation: B-boys, B-girls, and Hip-Hop Culture in New York. New York: Oxford
    University, 2009

Nixon, W.S.T., M. Galbraith, & J. Bindon,. Rocking the Beat: B-boys' and G-grils' reflections on
    Identity and the Cultural History of the Hip Hop Dance B-boying. The University of Alabama
    McNair Journal. Vol. 6, 99-124, Tuscaloosa: Unicersity of Alabama Press. 2006

[DVD] Flashdance. Directed by Adrian Lyne. Hollywood, CA: Paramount, 1983.

[DVD] The Freshest Kids. Directed by Israel. New York: Brotherhood Films, 2002

[DVD] Planet B-Boy. Directed by Lee Benson. NY: Elephant Eye. 2007

[DVD] Style Wars. Directed by Tony Silver and Henry Chalfant. New York: PBS, 1983

[DVD] Wild Style. Directed by Charlie Ahearn. New York: Charlie Ahearn, 1982.

[Film] Hip-Hop Evolution. season1-1 "The Foundation". Directed by Darby Wheeler. Netflix. 2016

[TV] Richard 'Crazy Legs' Colon on breakdancing at the 2024 Summer Olympics. by CNN.
    2020.12.08.

Breaking for Gold website 〈https://www.breakingforgold.com/〉 〈2020.08.11. 검색〉

Davey D. "Davey D." Hip Hop resources, politics, interviews and news.
〈http://www. daveyd.com〉 〈2020.01.04.검색〉

Pellerin, Eric. Challenge of the B-Boy Master: The Impact of Kung Fu Movies on Breakdancing.
    2003.11.04. 〈2019.08.10.검색〉

Uprock, 〈https://en.wikipedia.org/wiki/Uprock〉 〈2019.08.10.검색〉

Youtube, Kool Herc and B-Boys. 〈2020.07.29.검색, 해석: Benny ben〉

Zulu Nation. 〈http://www.zulunation.com/〉 〈2019.07.08. 검색〉

저스트 브레이킹
모두를 위한 브레이킹 입문서

초판 1쇄 발행 2021년 11월 30일

지은이　대한브레이킹경기연맹

발행처　타임북스
발행인　이길호
편집인　김경문
편집　황윤하·최성모
마케팅　유병준·김미성
디자인　박은실
제작　김진식·김진현·이난영
재무　강상원·이남구·김규리

타임북스는 ㈜타임교육C&P의 단행본 출판 브랜드입니다.
출판등록 2020년 7월 14일 제2020-000187호

주소　서울특별시 강남구 봉은사로 442 75th AVENUE빌딩 7층
전화　02-590-9800
전자우편　timebooks@t-ime.com

ISBN　979-11-91239-50-8 (03690)